LE
COMTE
DE
SALLENAUVE

PAR

H. DE BALZAC

AUTEUR DE

Le Député d'Arcis, Madame de la Chanterie, l'Initié, Scènes de la Vie Parisienne (Les Petits Bourgeois), Scènes de la Vie de Campagne (Les Paysans), Splendeurs et Misères d'une Courtisanne, un Début dans la Vie, David Séchard, etc., etc.

Terminé par M. Ch Rabou

IV

PARIS

L. DE POTTER, LIBRAIRE-ÉDITEUR

RUE SAINT-JACQUES, 38.

LE
COMTE DE SALLENAUVE

SUITE DES NOUVEAUTÉS EN LECTURE

DANS TOUS LES CABINETS LITTÉRAIRES

L'Usurier sentimental, par G. DE LA LANDELLE. 3 vol. in-8.
L'Amour à la Campagne, par MAXIMILIEN PERRIN. 3 vol. in-8.
La Mare d'Auteuil, par CH. PAUL DE KOCK. 10 vol. in-8.
Les Boucaniers, par PAUL DUPLESSIS. 3 vol. in-8.
La Place Royale, par madame la comtesse DASH. 3 vol. in-8.
La marquise de Norville, par ÉLIE BERTHET. 3 vol. in-8.
Mademoiselle Lucifer, par XAVIER DE MONTÉPIN. 3 vol. in-8.
Les Orphelins, par madame la comtesse DASH. 3 vol. in-8.
La Princesse Pallianci, par le baron de BAZANCOURT. 5 vol. in-8.
Les Folies de jeunesse, par MAXIMILIEN PERRIN. 3 vol. in-8.
Livia, par PAUL DE MUSSET. 3 vol. in-8.
Bébé, ou le Nain du roi de Pologne, par ROGER DE BEAUVOIR. 3 vol. in-8.
Blanche de Bourgogne, par Madame DUPIN, auteur de *Cynodie, Marguerite*, etc. 2 vol. in-8.
L'heure du Berger, par EMMANUEL GONZALÈS. 2 vol. in-8.
La Fille du Gondolier, par MAXIMILIEN PERRIN. 2 vol. in-8.
Minette, par HENRY DE KOCK. 3 vol. in-8.
Quatorze de dames, par Madame la comtesse DASH. 3 vol. in-8.
L'Auberge du Soleil d'or, par XAVIER DE MONTÉPIN. 4 vol. in-8.
Débora, par MÉRY. 3 vol. in-8.
Les Coureurs d'aventures, par G. DE LA LANDELLE. 3 vol. in-8.
Le Maître inconnu, par PAUL DE MUSSET. 3 vol. in-8.
L'Épée du Commandeur, par XAVIER DE MONTÉPIN. 3 vol. in-8.
La Nuit des Vengeurs, par le marquis de FOUDRAS. 5 vol. in-8.
La Reine de Saba, par XAVIER DE MONTÉPIN. 3 vol. in-8.
La Juive au Vatican, par MÉRY. 3 vol. in-8.
Le Sceptre de Roseau, par ÉMILE SOUVESTRE. 3 vol. in-8.
Jean le Trouveur, par PAUL DE MUSSET. 3 vol. in-8.
Les Femmes honnêtes, par HENRY DE KOCK. 3 vol. in-8.
Les Parents riches, par madame la comtesse DASH. 3 vol. in-8.
Cerisette, par CH. PAUL DE KOCK. 6 vol. in-8.
Diane de Lys, par ALEXANDRE DUMAS fils. 3 vol. in-8.
Une Gaillarde, par CH. PAUL DE KOCK. 6 volumes in-8.
George le Montagnard, par le baron de BAZANCOURT. 5 vol. in-8.
Le Vengeur du mari, par EM. GONZALÈS. 3 vol. in-8.
Clémence, par madame la comtesse DASH. 3 vol. in-8.
Brin d'Amour, par HENRY DE KOCK, 3 vol. in-8.
La Belle de Nuit, par MAXIMILIEN PERRIN. 2 vol. in-8.
Jeanne Michu, *la bien-aimée du Sacré-Cœur*, par madame la comtesse DASH. 4 vol. in-8.

Imprimerie de GUSTAVE GRATIOT, 30, rue Mazarine.

LE
COMTE
DE
SALLENAUVE

PAR

H. DE BALZAC

AUTEUR DE

Le Député d'Arcis, Madame de la Chanterie, l'Initié, Scènes de la Vie Parisienne (Les Petits Bourgeois), Scènes de la Vie de Campagne (Les Paysans), Splendeurs et Misères d'une Courtisanne, un Début dans la Vie, David Séchard, etc., etc.

Terminé par M. Ch. RABOU

IV

Avis. — Vu les traités internationaux relatifs à la propriété littéraire, on ne peut réimprimer ni traduire cet ouvrage à l'étranger, sans l'autorisation de l'auteur et de l'éditeur du roman.

PARIS

L. DE POTTER, LIBRAIRE-ÉDITEUR

RUE SAINT-JACQUES, 38.

COMTE
DE
SALLENAUVE

PAR

H. DE BALZAC

PARIS

CHAPITRE PREMIER

I

Le contrat de mariage.

Grévin n'avait pas ignoré la liaison de sa fille avec M. de Chargebœuf; mais l'ineptie du mari qu'il lui avait donné lui avait semblé une circonstance très atténuante, et jamais il n'avait eu l'air de s'apercevoir de ce désordre.

Après avoir rappelé madame Beauvisage par une lettre pressante, il ne lui fit
pas à son arrivée une morale trop vive,
et, suivant la marche convenue avec
M. de Trailles, il lui laissa ignorer la
manière précise dont il avait été rensei-
gné.

Malgré toutes ses instances, Séverine
ne put obtenir de connaître le nom de
ses dénonciateurs. L'important était
qu'on pût lui assurer que leur mauvais
vouloir et la méchanceté de leur langue
étaient désormais paralysés.

En homme d'expérience, Grévin était
convaincu que les bavardages et propos

d'uue petite ville sont un de ces ferments que l'on aigrit à mesure qu'on les remue ; il les comparait à ces sales ruisseaux des rues qui n'exhalent jamais une odeur plus infecte que quand on prétend les assainir en les balayant.

M. de Trailles fut représenté comme un bon porte-respect, dont on était censé avoir invoqué l'intervention ; dès-lors il n'y avait plus lieu d'hésiter, et il fallait en finir avec lui.

Séverine ne fit aucune objection à ce nouvel arrêt de la prudence paternelle, et Maxime fut décidément admis dans la maison des Beauvisage, sur le pied d'un prétendu déclaré.

A dater de ce moment, il put déployer auprès de Cécile tous ses moyens de séduction ; en dépit et peut-être à cause de sa grande maturité, qui, à vrai dire, n'était que de l'expérience, aidé d'ailleurs de l'influence que mademoiselle Anicette, la femme de chambre débauchée à Cinq-Cygne, avait prise sur sa jeune maîtresse, il ne tarda pas à faire dans le cœur de sa prétendue tout le chemin qu'il avait pu désirer.

Quand tout fut en bon ordre, il se rendit à Paris afin d'aviser à la corbeille.

Dès longtemps au fait du mariage près de s'accomplir, Franchessini fut pris par M. de Trailles pour le confident de ses embarras, ce qui était une invitation à en devenir le consolateur et le banquier.

Le colonel savait à fond son Maxime, et il ne se souciait pas d'entrer avec lui en affaires. Il allégua les courses de Chantilly, où il avait parié malheureusement, et dans son impuissance ainsi expliquée d'aider personnellement l'ami qui venait faire appel à sa bourse, il l'adressa à la Saint-Estève.

Par l'intermédiaire de Vautrin, Franchessini avait toujours auprès de cette *Madame la Ressource* ses grandes entrées; mais, dans le cas particulier, Maxime fut présenté au chef de la police de sûreté comme un client d'autant plus acceptable, qu'on pouvait maintenant lui supposer un avenir politique et par conséquent la puissance ultérieure d'appuyer auprès de Rastignac les aspirations pour le succès desquelles le comte Halphertius avait déjà fait tant de sacrifices.

Maxime ne déploya pas auprès de Jacqueline Collin moins de séductions qu'il n'en avait mis en œuvre auprès de Cécile, et comme d'ailleurs, dépêché à Arcis un homme intelligent et sûr de la brigade de Vautrin, en rapporta sur la réalité de l'heureuse fin qu'allait faire M. de Trailles les renseignements les plus précis et les plus concluants; dans une dernière visite qu'il fit à l'agente matrimoniale, le futur gendre des Beauvisage emporta la promesse que, le lendemain, sans faute, son emprunt pourrait être conclu.

Mais le lendemain, ces sortes d'affaires étant invariablement soumises à une désespérante série de délais qui ont pour but, en surexcitant l'impatience et le besoin de l'emprunteur, de surexciter en même temps le taux de l'intérêt, la Saint-Estève ne fut plus en mesure. Toutes ses combinaisons dérangées par un contretemps, elle ne se voyait plus qu'une ressource, qui était de mettre son désespéré client en rappor avec le comte Halphertius. Déjà pressenti à ce sujet, le gentilhomme suédois avait montré, sur le nom seul de M. de Trailles, les dispositions les plus favorables, et probablement ses conditions seraient infiniment moins dures que celles qui auraient dû être faites par l'agente matrimoniale, attendu que le comte se piquait d'être très grand seigneur, et qu'il avait le bonheur de pouvoir opérer avec ses capitaux.

— Mais ce comte Halphertius, objecta Maxime, c'est un mythe : tout le monde en parle et personne ne l'a vu.

— Excepté Desroches et presque tous les hommes influents de la presse, répondit la Saint-Estève, qui ont dîné avec lui chez moi ; excepté le directeur du théâtre Italien de Londres, dans la caisse duquel il a versé *rectà* trois cent bons mille francs; excepté enfin Cardot, le notaire. Informez-vous auprès de ce tabellion, il vous dira que de sa personne, le comte Halphertius est allé, il y a quelques semaines, payer dans son étude trois cent deux mille francs, prix de l'acquisition du pavillon de Ville-d'Avray, plus frais, et, ce qui est assez régence, au fond du portefeuille renfermant la somme, le notaire a trouvé un petit paquet à l'adresse de mademoiselle Malaga, l'écuyère, que tout le monde sait entretenue par lui. Dans trois billets de mille francs, collés ensemble, et pliés à la manière des marchands merciers, étaient fichées quelques centaines d'épingles dorés par le procédé Ruolz; si bienque, pour le quart d'heure, dans le quartier Breda, il n'y a rien d'aussi demandé que le riche étranger.

— Eh bien! dit Maxime, qui ne put contester la galanterie du procédé, où verrai-je cet homme des *Mille et une Nuits*, car je suis pressé de conclure; vous m'avez fait perdre un temps considérable.

— Pas plus tard que demain, répondit

la Saint-Estève, à son pavillon de Ville-d'Avray où il vous prie d'accepter à dîner.

— Soit; à moins d'un imprévu dont j'aurais soin de vous aviser à temps, j'accepte, répondit M. de Trailles.

Et il courut consulter Franchessini.

Celui-ci fut assez empêché de donner un conseil : ce Vautrin, pensa-t-il, a le diable au corps! pour faire cuire l'œuf de sa nomination politique, il mettrait le feu à Paris !

En somme, c'était chose délicate que

de prêter les mains à la mystification dont Maxime était menacé et que de le laisser donner tête baissée dans l'indigne relation qui s'offrait à lui.

Mais, d'autre part, il était acculé ; son décri était tel que dans aucun endroit il n'avait l'espérance de trouver à emprunter les trente mille francs qui lui étaient nécessaires.

— Dame! mon cher, dit le colonel, ces riches étrangers qui tombent du ciel à Paris, on ne sait jamais qui ils sont et d'où ils sortent. J'ai bien entendu dire qu'on soupçonnait ce Suédois d'être un espion de la Russie ; mais, après tout, les gens qui font le métier de prêter à usure, valent-ils beaucoup mieux que cela? On emprunte à qui on peut, et, pourvu que l'on paie, je ne vois pas qu'on puisse être très compromis.

— Sans doute, mais je m'attends à être égorgé, l'usurier élégant et extérieurement millionnaire, c'est une variété que je n'ai pas encore abordée, et dont je m'épouvante beaucoup.

— Moi, dit Franchessini, ce qui m'épouvanterait le plus, ce serait que votre homme voulût trancher du grand seigneur et ne vous demandât qu'un intérêt insignifiant; je craindrais alors un dessous de carte.

— Mais, dit Maxime, où peuvent être les chausse-trappes quand on veut et qu'on peu payer ?

— C'est vrai. Il est pourtant des relations dont on ne se débarrasse pas comme on l'entend, et souvent on regrette de les avoir nouées.

— Tout bien considéré, dit M. de Trailles en prenant congé, je ne suis pas une vierge très immaculée, et je crois qu'il faut voir cet homme, sauf à ne conclure qu'à bon escient.

— Voyez, mon cher, dit le colonel ; seulement, rappelez-vous que j'ai fait comme le tiers-parti, et que je n'ai voté ni pour ni contre.

Maxime n'emportait aucun avis concluant; mais on ne l'avait pas dissuadé de la chose qu'instinctivement il se sentait engagé à faire : cela ne suffisait-il pas pour qu'il fût décidé ?

Le lendemain, il arriva, vers les six heures, au pavillon de Ville-d'Avray qui allait subir le dernier coup de la profanation.

Il va sans dire que le vieux Philippe n'y était plus; il était entré au service de

Sallenauve qui l'avait recueilli comme un débris du naufrage de ses plus chères affections.

Un domestique en habit bleu à boutons d'argent et portant un gilet et une veste de panne jaune, introduisit Maxime dans un salon, vrai bijou d'élégance. Pour rompre le tête-à-tête, le comte Halphertius avait réuni Desroches, Bixiou, Cardot le notaire et quelques journalistes attachés au *service de la Luigia*, Malaga, Jenny Cadine, du Gymnase, et Carabine, les deux dernières élèves de madame Saint-Estève, achevaient de reconstituer à Maxime son atmosphère habituelle et allaient le décarêmer de sa rude et bourgeoise existence d'Arcis.

Il fut enchanté de trouver là Desroches, d'abord parce que sa présence lui donna confiance dans le prêteur qui, dès lors, lui parut un homme possible, et ensuite parce qu'il avait à lui parler relativement aux clauses de son contrat de mariage. Plusieurs fois en vue de l'entretenir à ce sujet, il était passé à son étude sans le rencontrer.

Le comte Halphertius, comme s'il eût tenu à constater qu'il ne se gênait pas avec ses autres convives, n'était pas présent quand M. de Trailles arriva; mais, quelques minutes après l'entrée du héros de la fête, Vautrin, ayant revêtu sa peau de gentilhomme suédois, parut dans le salon, en s'excusant sur quelques lettres qu'il avait à faire passer à Stockholm, et qu'un de ses compatriotes, venu brusquement le prévenir de son départ, devait emporter avec lui.

Après ce compliment général et quelques galanteries très sommaires adressées au quartier des dames, il s'empressa d'aller à M. de Trailles, et le remercia avec effusion de la grâce qu'il avait bien voulu lui faire en acceptant l'invitation transmise par madame de Saint-Estève.

Peu après, le dîner fut servi : comme celui auquel nous avons déjà assisté, il était sorti des ateliers de Chevet ; mais il n'y avait pas, cette fois, de cadenas mis à la bouche des convives, et Bixiou eut toute la liberté de sa verve et de ses charges, dont le comte Halphertius parut beaucoup s'amuser, en disant que, dans son pays, on n'avait aucune idée *pour* cet *esprit* français si extraôôrdinaire et si pétillant.

Malaga essaya bien d'entreprendre Maxime sur la *Smala* provinciale avec laquelle il avait été vu pendant quelques jours dans tous les lieux publics ; mais Maxime était très vénéré en même temps que très redouté dans le monde des lorettes, et aussitôt qu'il eut témoigné que le sujet ne lui était pas agréable, on passa au chapitre d'un sieur Célestin Crevel, ancien parfumeur, chef de bataillon de la garde nationale et protecteur opulent et généreux de mademoiselle Héloïse Brisetout, une autre élève de madame Saint-Estève, dont Bixiou était, en même temps, comme il le disait plaisamment, le *pauvre honteux*.

Quand on fut un peu plus avancé dans le dîner et que le vin de Champagne eut produit son effet, on tenta de se hausser jusqu'à un sujet infiniment plus délicat, à savoir celui de la *Luigia*. Sur les trois impures (style d'avant 89), deux étaient de théâtre, ce qui, jusqu'à un certain point, autorisait entre elles et la *diva* une idée lointaine de confraternité; elles crurent donc pouvoir se laisser aller sur son compte à quelques curiosités plus ou moins discrètes.

— Je crois, répondit sèchement le comte Halphertius, que nous ferons bien, mesdames, *pour* ne pas parler ici de la signora Luigia, ce n'est pas la même religion, et les Italiennes ne sont pas si gaies dans l'amour que vous me paraissez prendre la question.

— Mais, au moins, dites-nous, cher comte, demanda insolemment Malaga, si elle en est toujours de la vôtre, de religion, maintenant que cet imbécille d'Anglais a eu l'idée de se tuer pour la faire hériter?

— Ce n'est pas, comme beaucoup d'autres, une femme vénale, répondit Vautrin, et *pour* ce qu'elle a hérité, je ne crois pas qu'elle manque à la reconnaissance et oublie ses amis.

— Alors, dit Carabine, nous l'entendrons cet hiver, car vous n'êtes pas, monsieur le comte, *pour* nous quitter de sitôt?

— Je ne sais vous dire, je suis ici plus en vue des affaires que des plaisirs et je puis être forcé *pour* partir tout à coup.

On voit que Vautrin ménageait la disparition du gentilhomme suédois pour le cas où le rôle qu'il jouait serait devenu tout à coup dangereux ou moins utile à continuer.

Après le dîner, sous le prétexte de donner à Maxime un aperçu de la propriété, le comte Halphertius l'emmena dans le parc, et, sans plus de préambule, abordant la question :

— Madame de Saint-Estève, lui dit-il, qui est une très bonne femme, et que j'aime pour quelques petits services de jeunesse qu'elle m'a rendus il y a des années, m'a dit qu'une somme de trente mille francs vous gênait pour l'instant, *de ce que* vous étiez sur le point de faire un riche mariage.

— En effet, dit Maxime, cette somme me fait faute, et j'avais dit à madame Saint-Estève que je ne regarderais pas aux conditions avec la personne qui me la procurerait.

— Je suis heureux *pour* avoir toujours cette somme à la disposition de mes amis ; sans que j'ose m'honorer de ce titre avec M. le comte Maxime de

Trailles, il est un gentilhomme des plus connus dans Paris et *dont* tout le monde serait empressé de lui rendre ce service.

— Il m'est offert avec tant de grâce, que je l'accepterais volontiers ; mais puis-je savoir à quelles conditions ?

— Les plus simples ; que M. le comte de Trailles me remboursera quand il pourra, et qu'il me paiera l'intérêt à cinq pour cent, selon l'usage.

— Mais ce n'était pas dans ces termes que je comptais traiter avec madame de Saint-Estève. Comme propriétaire, je ne présente pas beaucoup de surface, et d'ordinaire, quand les garanties sont médiocres, l'intérêt s'élève d'autant.

— Vous vous mariez, voilà la garantie; si j'avais l'honneur *pour* être votre ami, je ne prends aucun intérêt; vous connaissant peu, je demande l'intérêt légal; je ne puis pas, pour que votre délicatesse *est* satisfaite, me mettre au niveau de madame de Saint-Estève, qui est une bonne femme, mais qui aime un peu l'argent.

— Mais sous quelle forme, demanda Maxime, la dette serait-elle reconnue?

— Vous me faites un billet de la somme payable à votre commodité, comme il convient entre des gentilshommes.

— En France, monsieur, on trouve bien peu de gens qui traitent les affaires avec cette rondeur.

— Mais il faut les traiter ainsi pour se faire des amis ; et des amis comme M. le comte de Trailles, si connu et si considéré dans la société, ne se payent jamais de trop.

Est-ce qu'il se moquerait de moi, pensa Maxime en entendant parler de sa considération ?

— Voulez-vous que nous *montons*, continua Vautrin ; nous pouvons terminer tout de suite.

— A vos ordres, répondit Maxime, qui, un peu après, fut placé devant une table à écrire.

— Voilà l'encrier *que* se servait la belle Louise de Chaulieu, dit le comte Halphertius en présentant une plume à M. de Trailles.

— Avez-vous pensé à vous procurer du papier de proportion ? demanda l'emprunteur.

— Je ne suis pas au courant *pour* cette espèce de papier.

— Du papier timbré, expliqua Maxime.

— Oh ! fit le Suédois avec un geste de dédain, entre marchands, mais pas entre gentilhommes. Et, tirant une feuille d'un cahier de papier bleu azuré, toujours celui dont se servait Louise de Chaulieu, et qu'à cause de la roture de son mari elle ne faisait timbrer à aucunes armes, il plaça cette feuille à portée de M. de Trailles.

— Nous disons donc ? demanda celui-ci, s'apprêtant à écrire.

— Je reconnais, dit Vautrin, *pour* avoir reçu de M. le comte Halphertius la somme de trente mille francs espèces, que je m'engage *pour* lui rendre à ma volonté. — Paris, le trente-un juin.

—Je reconnais, dit Maxime en parlant à haute voix ce qu'il écrivait, avoir reçu de M. le comte Halphertius la somme de trente mille francs espèces, que je m'engage à lui rendre dans six mois, à partir de la date de la présente reconnaissance. — Paris, le trente-un juin mil huit cent trente-neuf. — Bon pour la somme de trente mille francs. — Et il signa.

— Vous voulez dans six mois? dit le comte.

— Sans doute, répondit M. de Trailles, faisant preuve d'une certaine connaissance du droit : payable à ma volonté constituerait une condition potestative, et l'acte serait nul.

M. le comte Halphertius tira alors d'un portefeuille une botte de billets de banque et en étala trente sur la table par paquets de dix : après avoir plié la reconnaissance, il la mit à la place où étaient précédemment les billets.

— Monsieur le comte, dit Maxime en se levant, l'avenir, je l'espère, me permettra de vous faire savoir à quel point je suis sensible à la délicatesse de tout votre procédé.

— J'oserai seulement, répondit Vautrin en donnant habilement un prétexte à sa générosité, demander l'appui d'un homme si à la mode pour la pauvre signora Luigia, quand elle *vient* à Paris.

— En toute chose qui paraîtra utile à vos intérêts, je vous prie de disposer de moi de la manière la plus absolue.

Après ces protestations on redescendit au salon.

En 1839, le lansquenet n'était pas encore redevenu à la mode. C'était la bouillote qui faisait fureur. Le comte Halphertius en organisa deux tables, et avant de s'installer à l'une d'elles avec l'intention bien préméditée de se laisser *décaver*, il dit à Maxime :

— Je ne vous engage pas *pour* jouer ; je sais que vous avez beaucoup d'affaires et vous rends votre liberté. Je pars moi-même demain pour un petit voyage qui pourra bien durer une quinzaine.

— Du côté de Londres ? dit en riant Maxime.

— Il est possible, dit Vautrin ; ainsi je prends congé de vous et l'on vous reverra marié.

— C'est au moins très probable, répondit M. de Trailles.

Avant de se retirer il prit Desroches part et lui dit :

— Ainsi, à demain, neuf heures pour traiter la question dont je vous ai dit deux mots.

— Très bien ! je vous attendrai, répondit l'avoué.

— Eh bien ! sans adieu, dit Maxime, et il reprit la route de Paris.

En deux jours tous ses achats furent faits, et Arcis ne tarda pas à le revoir brillant et radieux.

Il s'informa du côté de Grévin pour savoir si pendant son absence quelques bavardages n'avaient pas signalé le retour de madame Mollot.

Pas le plus petit mot sur madame Beauvisage ; ses menaces avaient donc fait leur effet.

Une indisposition assez grave d'Ernestine, résultat de la fatigue du voyage de Paris, avait fait reculer son mariage. Raison de plus pour hâter celui de Cécile. Le jour même de la cérémonie, elle devait partir avec son mari et presqu'aussitôt suivie de son père et de sa mère, qu'Arcis ne devait plus espérer revoir qu'à de longs intervalles. En mariant madame de Trailles la première, on esquiverait la corvée d'assister à *l'hyménée* de Simon Giguet. Tacitement un grand froid s'était glissé entre les Giguet, les Mollot et les Beauvisage. Extérieurement, on gardait les apparences; mais personne ne se trompait à cette surface : la discorde était partout ; et, prenant secrètement parti d'un côté ou de l'autre, la ville, si la situation eût duré, menaçait de se diviser en deux camps.

Le jour de la signature du contrat, solennité à laquelle madame Beauvisage, sur les indications de son gendre, s'était proposé de donner une allure toute parisienne, son salon redevint un terrain neutre où, pour un moment, se reconstitua l'antique union. Le chiffre de la dot à connaître au juste ; une exhibition annoncée de la corbeille ; la toilette de la fille, celle de la mère à inventorier ; ce comte Maxime de Trailles dont il avait été tant parlé, et qu'on aurait sous son œil et à portée de ses oreilles, que de raisons pour expliquer comment pas une des invitations qui avaient été répandues à profusion n'avait fait long feu!

※

Malgré les nuages que le concours donné à l'élection de Sallenauve avait jetés entre les Beauvisage et Achille Pigoult, comme successeur de Grevin, il avait été chargé de la rédaction du contrat, et, à huit heures du soir, le douze juillet, assis dans le salon des Beauvisage, devant une table recouverte d'un tapis vert, il était prêt à donner lecture de l'acte, ayant auprès de lui le vieux Grévin, qui, malgré la solennité du jour, n'avait quitté ni sa calotte de velours noir, ni sa redingote de drap gris de fer, ni ses souliers cirés à l'huile.

Comme il vivait très retiré, beaucoup des assistants depuis longtemps n'avaient pas vu son visage, et l'on remarquait qu'il avait bien vieilli, qu'il était bien cassé, et que la joie d'établir sa petite-fille ne paraissait pas lui communiquer l'animation qu'on aurait pu supposer.

A huit heures un quart, l'assemblée étant au grand complet, et Achille Pigoult paraissant se disposer à prendre la parole, un bruit de voiture et de chevaux de poste annoncé de loin par les claquements du fouet du postillon vient mourir à la porte de la maison Beauvisage.

Maxime se lève, va au devant du survenant, et, le présentant à son beau-père, à sa belle-mère et à M. Grévin :

●

— Monsieur Desroches, dit-il, avoué de Paris, mon ami et mon conseil.

Cette intervention inattendue dans la forme d'ailleurs assez dramatique où elle avait lieu, parut à tout le monde singulière, et quelques esprits plus enclins à penser à mal allèrent jusqu'à y entrevoir une inquiétante portée.

Desroches prit place à côté de Maxime, et fut surtout l'objet de l'attention des avoués de l'endroit qui avaient sous les yeux cette grande chose : un avoué de Paris !

Engagé enfin à donner communication du contrat, Achille Pigoult fit son office ; la commune renommée n'avait pas été surfaite : tant en immeubles qu'en rentes, la dot de Cécile était bien de soixante mille livres de rente, plus l'hôtel Bauséant, que Grévin, comme cadeau de noces, lui donnait en propriété, l'usufruit étant réservé à madame Beauvisage.

Tout alla bien jusqu'au moment où l'on arriva à l'article qui établissait entre Cécile et son mari la clause *de séparation de biens*.

Ici Desroches se leva, et, au milieu d'un inexprimable silence, de sa voix vibrante et sonore :

— Comme conseil de M. le comte Maxime de Trailles, dit-il, j'ai le devoir de lui demander s'il s'est bien rendu compte de la portée de cet article.

— Mais oui, en gros, répondit Maxime.

— Qu'il me permette alors de la lui expliquer avec quelque détail, car personne ne veut de surprise ici.

CHAPITRE DEUXIÈME

CHAPITRE DEUXIÈME

II

Où madame Beauvisage n'a pas le beau rôle.

— Voilà qui m'a bien l'air d'une rouerie parisienne, dit Frédéric Marest, le procureur du roi, à Olivier Vinet, son substitut.

— Et cousue, répondit celui-ci, avec un fil d'une entière blancheur.

Cependant le vieux Grévin, à son tour s'était levé.

— Je ferai observer à monsieur l'avoué, dit-il, que la clause dont il se préoccupe, n'a été introduite dans l'acte qu'à la demande expresse de M. de Trailles.

— Mon client, repartit Desroches, m'avait bien dit en effet qu'il avait à cœur d'établir son parfait désintéressement; mais j'ai lieu de croire qu'il a confondu les effets du régime dotal, très suffisant pour le but qu'il se proposait, avec ceux de la séparation de biens, stipulation anormale, presque flétrissante, qui, acceptable dans certains cas donnés, ne me paraît vraiment pas de mise ici.

— Et quels sont donc ces cas, si différents de la position de votre client? demanda Grévin en s'animant.

— Il est assez ridicule de faire ici un cours de droit, répondit Desroches ; mais enfin, quand j'examine les conséquences de la séparation *contractuelle*, en voyant que la femme conserve l'entière administration de ses biens, meubles et immeubles, et la jouissance libre de ses revenus, je comprends que cette situation d'indépendance absolue puisse être réservée par exemple à une veuve, à une femme déjà mûre épousant un homme beaucoup moins âgé qu'elle, parce qu'alors la présomption de la raison et de la prudence se trouve de son côté ; mais ici, où une grande disproportion d'âge se rencontre dans le sens inverse ; quand une jeune fille, sortant de dessous l'aile paternelle, unit son sort à un homme de l'âge, de l'expérience, de la haute position sociale de M. de Trailles ; quand le point de départ de leur union est le haut crédit dont cet homme éminent jouit dans le monde politique, vouloir stipuler à son préjudice la séparation absolue des patrimoines et la liberté sans limite au profit de sa jeune femme, je dis que c'est tout simplement le monde renversé.

— Mais monsieur, s'écria l'ancien notaire, se montant de plus en plus, jusqu'à ce que son visage, ordinairement terreux et blafard, arriva à une coloration rouge pourpre, pour séparer, comme vous dites, les patrimoines, au moins faut-il qu'il y en ait un de chaque côté.

— Pas un mot de plus, mon cher Desroches, s'écria Maxime, en voyant l'avoué se disposer à répondre : Ce débat ne s'est déjà que trop prolongé. Dites-moi seulement si, dans le cas de la stipulation, que je trouve comme vous rigoureuse, l'exclusion de l'influence du mari est tellement absolue, qu'avec le consentement ou sur le désir exprimé de sa femme, il ne puisse être appelé à la conseiller ou à la suppléer dans l'administration de sa fortune.

— Sans doute, il le peut, dit Desroches ; la femme séparée de biens est une reine ; mais, comme toutes les royautés, elle a le droit d'abdiquer.

— Eh bien! dit Maxime, passons. J'ai dans le bon esprit et dans les sentiments que m'a témoignées celle qui me fait l'honneur de vouloir porter mon nom une confiance trop absolue pour prévoir jamais de sa part aucune révolte contre le bon sens ou aucun procédé humiliant.

Pendant qu'un long murmure d'approbation courait dans l'assemblée, que madame Beauvisage, les larmes aux yeux, venait donner la main à son gendre, que Cécile sanglottait sur l'épaule d'Ernestine, et que Beauvisage, avec sa solennité comique, disait à Maxime, par-déssus l'épaule de sa femme : — Vous venez de montrer, monsieur, que nous sommes dignes de nous entendre :

— Le mâtin est fort, disait tout bas Achille Pigoult à son ancien patron, et, après cette comédie préparée par M. l'avoué de Paris, votre petite-fille, pour ne pas être ruinée, aura bien besoin qu'on lui fasse sa leçon.

Grévin ne répondit rien, il paraissait absorbé par ses réflexions.

Le lecture s'acheva. Cécile et Maxime donnèrent leurs signatures; quand le tour du vieux Grévin fut venu, il se leva pour apposer son ancien paraphe; mais, à ce moment, on le vit chanceler, s'affaisser sur lui-même; une congestion cérébrale venait de se déclarer.

Le docteur Varlet, beau-frère de Grévin et le premier médecin d'Arcis, se trouvait heureusement présent; il courut au malade, crut encore sentir battre son pouls, et ordonna qu'on le transportât dans la chambre de Beauvisage, où il allait essayer de le saigner. Malgré l'absence de tous les membres de la famille qui, éplorée, avait suivi le mourant, la foule des invités n'avait garde de quitter la place : il y avait un drame entamé ; on en voulait savoir le dénoûment ; en attendant, dans les groupes qui s'étaient formés, les commentaires, comme on peut croire, étaient infinis. — Voilà un mariage, remarquaient les uns, qui s'annoncent sous de tristes auspices. — Cette mort, faisaient remarquer les autres, va porter un coup terrible au comte de Gondreville ; il est de quatre ans l'aîné de son vieil ami. — Grande leçon pour les ambitieux ! disait Frédéric Marest, le procureur du roi, à Antonin Goulard le sous-préfet ; si l'on n'avait pas fait fi de nous, et qu'au lieu d'un homme du pays on n'eût pas été chercher pour la petite un beau monsieur de Paris, cette scène n'aurait pas eu lieu, et le vieux Grévin serait encore plein de santé. — Mais, répondait M. Martener, le juge d'instruction, qui partout et toujours faisait un peu ses fonctions, je viens d'interroger la domestique du défunt; il paraît que, déjà depuis plus d'une quinzaine, il avait éprouvé quelques symptômes *apoplectiformes*, qu'il se plaignait de vertiges et de mal de tête et que sa parole était devenue lourde et embarrassée. — Croyez-vous, demandait-on sur un autre point à madame Marion, que cela fasse manquer le mariage ? — Cela du moins l'ajournera, répondait la vieille dame, et mariage ajourné est peut-être plus loin de se faire que celui dont il n'a jamais été question. — Il semble, s'écriait dans un autre groupe Simon Giguet, en parlant de Maxime, que cet homme soit un mauvais génie venu s'abattre sur notre arrondissement. — C'est vrai, répondait madame Mollot, il a porté partout le trouble et la désunion, et voilà maintenant la mort qui arrive à sa suite — Il faut dire pourtant, repartit E. Mollot, le greffier, que tout à l'heure sa conduite a été très convenable. — Oui, répondait l'avoué Marcellin, à moins toutefois que ce ne fût une scène préparée, — et dans quel intérêt? demanda mademoiselle Herbelot, la sœur du notaire. — Parbleu! dans l'intérêt de piquer sa femme de beaux sentiments, de manière à ce qu'elle tienne à honneur de lui laisser l'administration de ses biens à l'encontre des prévisions du contrat.

A ce moment reparut M. de Trailles.

— Je suis assez heureux pour pouvoir annoncer, dit-il en élevant la voix, aux nombreux amis de M. Grévin que le docteur Varlet nous donne quelques consolantes assurances. Une saignée a été pratiquée, le sang est venu avec abondance, et quoique le malade n'ait pas encore repris toute sa connaissance, son état d'insensibilité s'est très notablement modifié.

Après la communication de ce bulletin, il n'y avait plus de raison de demeurer : la foule s'écoula, et bientôt sur cette maison, où, quelques heures avant, tout avait pris un air de fête, planèrent le silence et cette morne anxiété qui préludent au deuil des familles.

Qu'était cependant devenu l'avoué Desroches que le cri public accusait de tout le mal et qu'on n'était pas loin de considérer comme un meurtrier?

En sa qualité d'homme occupé, aussitôt son rôle rempli, il était remonté dans sa chaisse de poste et était reparti pour

Paris sans emporter le moindre trouble
de conscience. Il ne lui venait pas même
à la pensée qu'une simple discussion d'affaires eût pu devenir la cause déterminante du malheur arrivé; cependant, si
l'on veut bien se rappeler l'esquisse qui,
dans les premiers chapitres de cette histoire, a été donnée du caractère de Grévin, si l'on veut bien se représenter ce
caractère entier et absolu, cette susceptibilité rancunière, avec lesquels comptait même le comte de Gondreville, et
qu'avait encore exaltés l'âge, la retraite
et la solitude ; enfin, si l'on se fait une
idée de l'ébranlement déjà communiqué
à la frêle machine de ce vieillard presque octogénaire, par l'emprunt forcé
que Maxime de Trailles, quelques semai-

nes avant, était venu frapper sur sa *casbah*, on s'expliquera que le coup porté par la subite intervention de Desroches, en ouvrant sur l'avenir de Cécile le plus inquiétant horizon, eût pu tourner à devenir mortel, et c'est ce qui arriva.

La nuit fut mauvaise ; malgré l'habileté et l'énergie avec lesquelles les symptômes furent combattus par le docteur, ils ne firent que s'aggraver, et le lendemain matin, aux premiers visiteurs qui vinrent prendre des nouvelles, on dut répondre que M. Grévin avait succombé vers les cinq heures du matin, sans avoir recouvré sa connaissance et après avoir reçu l'extrême-onction.

Somme toute, la combinaison si savamment préparée de M. de Trailles lui avait été mauvaise, car son mariage se trouvait encore indéfiniment ajourné, et, comme Grévin n'avait pas eu le temps d'apposer sa signature au contrat, l'hôtel Beauséant, dont l'usufruit seulement devait être réservé à madame Beauvisage, lui passait en toute propriété dans la succession paternelle.

Quelques jours plus tard, *l'Impartial de l'Aube,* journal de la localité, donnait la relation suivante de la cérémonie des obsèques de Grévin, rédigée par le professeur de rhétorique du collége communal. Ce compte-rendu avait paru au rédacteur en chef assez remarquable pour qu'il en eût fait son *premier-Arcis*.

ARCIS-SUR-AUBE.

18 Juillet 1839.

« Hier ont eu lieu les funérailles de M. Grévin, l'un des hommes les plus considérés de notre province champenoise.

» Ancien notaire à la résidence d'Arcis, et maire de cette ville pendant l'empire, M. Grévin était parvenu sans infirmités et en conservant l'entier usage des hautes facultés qui le caractérisaient à un âge trés avancé.

» Entouré de l'affection et des respects d'une famille qu'il laisse dans le deuil, depuis qu'il avait vendu son étude à notre compatriote maître Achille Pigoult, son ancien premier clerc, M. Grévin partageait sa vie entre les soins qu'il donnait à une fortune honorablement acquise, et, paraît-il, assez considérable, entre quelques occupations horticulturales, et la lecture des classiques qu'il affectionnait et qu'il avait le bon goût de préférer à la littérature échevelée de notre époque, et surtout aux émotions épileptiques du *Roman feuilleton.*

» Parti de la maison mortuaire, le cortége funèbre, précédé de la croix et du clergé de la paroisse du défunt, auquel s'étaient joints plusieurs de MM. les curés de nos environs, a parcouru la place du Pont, la rue Videbourse, la rue du Pont jusqu'à la place de l'Église, et s'est arrêté à la maison de mesdames les Ursulines, dans la chapelle desquelles le défunt, ancien notaire de la communauté, avait désiré par son testament que fût fait son service funèbre. Vu la grande considération dont jouit la supérieure, la mère Marie-des-Anges, M. le curé avait adhéré à cet arrangement.

» Le deuil était conduit par l'honorable M. Beauvisage, maire de notre ville, et par M. le comte Maxime de Trailles, qu'on peut considérer comme son gendre, le malheureux Grévin ayant été frappé précisément dans le moment où il était occupé du réglement des intérêts nuptiaux de mademoiselle Cécile Beauvisage, sa petite-fille, qui, deux jours plus tard, devait épouser le comte Maxime; tant il est vrai que la roche Tarpéïenne est près du Capitole !!!

» Singulière vicissitude des choses de ce monde, tandis que la plus belle société d'Arcis était réunie pour la signature du contrat, dans le salon de madame Beauvisage, d'entendre tout à coup retentir dans la ville, ce cri terrible : Grévin se meurt, Grévin est mort !

» Et toi, comte de Gondreville, son

ami depuis cinquante ans, quels n'ont pas dû être ton étonnement et ta douleur, quand, siégeant dans le sénat auguste où la sagesse royale t'a appelé et où tu t'occupais du réglement des intérêts nationaux, la nouvelle t'est parvenue que ton ami de jeunesse venait de succomber!!!

» Alors, sans penser à tes quatre-vingts honorables années, tu as voulu venir lui dire un dernier adieu; mais les inconvénients d'un voyage, mais l'âge, mais les infirmités, mais le danger des émotions, rien n'a pu te retenir, et tu étais là, figurant avec toute la ville aux funérailles de l'ami et du grand citoyen qu'elle avait perdu.

» Une chose aussi a été remarquée avec plaisir: c'est que M. de Sallenauve, notre député, malgré les dissentiments que la lutte électorale avait élevés entre lui et la famille des Beauvisage, a voulu être présent à la cérémonie, et qu'il a fait exprès le voyage.

» Après la messe chantée en faux bourdon, le convoi où l'on comptait plus de cent pauvres ou pleureurs portant des torches, s'est dirigé vers le champ du repos. Là, on avait espéré que maître Achille Pigoult qui, dans les réunions préparatoires d'élections, s'est fait une réputation d'orateur, jetterait, comme successeur de Grévin, quelques fleurs sur sa tombe, mais sa douleur, aussi bien que celle de M. le pair de France comte de Gondreville, était si grande, qu'ils n'ont pas espéré de pouvoir l'exprimer, et l'on voyait avec regret qu'aucun discours ne serait prononcé dans cette occasion solennelle, lorsque plusieurs électeurs ayant prié M. de Sallenauve de prendre la parole, il s'est avancé sur le bord de la fosse, et s'est exprimé dans les termes suivants :

« Messieurs,

» Il est des hommes qui appartien-
» nent à une famille, d'autres qui appar-
» tiennent à la ville qui les a vus naî-
» tre, parce qu'ils en ont été l'ornement
» et l'honneur.

» Celui que nous accompagnons à sa
» dernière demeure est un de ces hom-
» mes, et c'est pour cela qu'on me voit
» assistant à ses funérailles, où mon
» absence eût été moins commentée
» peut-être que ne le sera ma pré-
» sence.

» Admis, messieurs, à l'honneur de
» vous représenter, j'ai pensé que je ne
» devais rester étranger à aucune de
» vos douleurs comme à aucune de vos
» joies. L'homme de bien que vous regret-
» tez, je me suis senti le droit en même
» temps que le devoir de venir le pleurer
» avec vous.

» Ce triste devoir, j'y étais d'ailleurs

» préparé par un deuil récent et à moi
» personnel : de la tombe du jeune
» homme qui meurt longtemps avant sa
» course achevée, à la tombe du vieil-
» lard qui s'éteint plein de jours, il n'y
» a pas, après tout, tant de distance,
» qu'un même regret et un même hom-
» mage ne puissent s'étendre et suffire
» à toutes deux.

» N'ayant pas eu le bonheur de con-
» naître M. Grévin, je suis plus sûr de le
» louer dignement puisque c'est avec
» vos propres souvenirs que je parlerai
» de ses vertus et de ses éminentes qua-
» lités : écho de l'honorable mémoire
» qu'il a laissée parmi vous, si mes paro-
» les n'en sont que le bruit affaibli, au

» moins peut-on être sûr qu'elles en se-
» ront le bruit fidèle.

» Mais, en essayant de me faire l'in-
» terprète du deuil public, qui éclate ici
» de toute part, je n'ai pas de même es-
» péré atteindre à la sublime expression
» de cette douleur vénérable que nous
» voyons pleurant sur les ruines d'une
» amitié à laquelle cinquante années de
» durée n'étaient pas parvenues à faire
» une ride.

» De même, messieurs, je ne saurais
» être qu'un impuissant, et, j'ajouterai,
» un invraisemblable mandataire, si je
» prétendais vous traduire les pieux et

» inconsolables regrets d'une famille
» dont M. Grévin était la joie et l'orgueil et
» que représente ici le premier magis-
» trat de votre cité.

» L'homme public, le magistrat éclai-
» ré et intègre, le citoyen utile, voilà ce
» qu'à ce moment suprême j'ai entrepris
» de louer; quant à l'homme privé,
» c'est dans le cœur de ses parents, de
» ses amis, que doit être écrit son éloge;
» c'est là que véritablement il aura
» cette tombe vénérée et impérissable
» dont celle qui va recevoir sa dépouille
» n'est que l'image matérialisée. »

» A la suite de ce discours, qui a produit sur l'assistance l'impression la plus vive, et après l'accomplissement des dernières cérémonies, *suprema verba*, on a été heureux de voir notre honorable maire, M. Beauvisage, s'approcher de M. de Sallenauve et lui serrer affectueusement la main; tous les dissentiments ne doivent-ils pas, en effet, s'apaiser en présence de la mort?

» La réunion s'est ensuite séparée au milieu d'une émotion difficile à décrire.

» J. P. DELIGNOU,

» Officier de l'Université. »

Beauvisage était un homme sans fiel,

et c'était de bon cœur et sans arrière-pensée qu'il était venu donner la main à Sallenauve; mais le procédé du député ne fut pas pris de la même façon par Séverine. Quand elle apprit ce qui s'était passé, malgré sa douleur, elle eut un violent accès de colère, et prétendit que Sallenauve auquel elle avait eu soin de ne pas faire envoyer de billet de part, était venu pour les narguer, et que son audace de prendre la parole dans une pareille circonstance était une insulte grave formant le couronnement de toutes ses insolences.

Il fallut que Maxime de Trailles qui pas plus qu'elle n'avait été sensible à la démarche de Sallenauve, lui fît comprendre que c'était une humiliation à subir sans se plaindre, sauf à la mettre au compte ultérieur de leurs vengeances. Sans l'intervention de son gendre, madame Beauvisage était femme à prendre la plume pour écrire la lettre la plus aigrement injurieuse qu'elle eût été capable d'imaginer et pourtant elle n'avait pas bu tout le calice, car trois autres déplaisirs lui étaient réservés : celui d'entendre Cécile prendre le parti de son père et dire qu'elle aurait fait comme lui; celui de recevoir dans la journée une carte que Sallenauve fit déposer chez elle avant de quitter Arcis, et enfin celui de lire le lendemain dans *l'Impartial de l'Aube* le discours du coupable qui avait fait de si délicates allusions aux hostilités dont il avait été l'objet.

Disons maintenant toute la vérité; ce procédé, qui venait de donner à Sallenauve un si beau rôle contre ses ennemis, ce n'était pas dans son esprit qu'il avait pris naissance. Malicieux comme un singe, Achille Pigoult l'avait imaginé et en avait écrit à son client le député. La démarche était en effet à deux tranchants : encore sous le coup de la douleur que lui avait causée la mort de Marie-Gaston, Sallenauve n'eût d'aucune façon goûté le côté tracassier et taquin de la conduite qui lui était conseillée; mais une certaine grandeur d'âme qui pouvait s'y découvrir par un autre côté, le séduisit et il se mit en route. Il y gagna d'avoir amorti l'irritation de Beauvisage et de Cécile; mais celle de madame Beauvisage et de Maxime s'en était exaltée d'autant.

CHAPITRE TROISIÈME

III

Le pavillon de Louise.

Dans le courant de septembre suivant, tous les journaux annoncèrent le retour à Paris de la Luigia. Grâce à elle la saison du Théâtre-Italien de Londres avait été magnifique, et, remboursé de sa commandite, le comte Halphertius se trouvait avoir réalisé de très beaux bénéfices.

A Londres, la *diva* avait fait bien du ravage parmi l'aristocratie anglaise; son talent, sa beauté, sa sagesse, le relief que lui avait donné le legs de lord Lewin, tout expliquait la presse des cœurs ameutés autour d'elle, et l'on ne s'était pas grandement étonné de la voir refuser l'offre que le vieux lord V***, l'un des plus grands noms de la pairie, avait fini par lui faire de sa main.

Malgré les découragements recueillis par ses amoureux, l'un d'eux, lord Barimore, gendre du vieux lord Dudley, était resté d'une inébranlable persévérance dans les soins qu'il lui prodiguait, et presque en même temps qu'elle, il était parti avec lady Barimore et toute sa maison, dans le dessein de passer l'hiver à Paris, car tout donnait à penser que la signora Luigia serait engagée au Théâtre-Italien.

Ce lord Barimore, qui lui-même ne se recommandait plus par son extrême jeunesse, était bien le modèle des soupirants. Il avait dit à la cantatrice :

— Je sais que je ne puis rien prétendre, ayant fait déjà depuis longtemps la

sottise de me marier; mais, souffrez-moi
auprès de vous comme ami.; lady Barimore
a dans votre vertu une entière
confiance; elle ne prendra de vous aucun
ombrage; elle sait que vous êtes
ma vie, mon soleil, et ne trouvera pas
mauvais que je vienne réchauffer mon
pauvre cœur à vos rayons.

Le moyen de refuser l'accès de sa
maison à des prétentions si modestes?
Les choses s'étaient arrangées sur ce
pied; lord Barimore ne passait pas un
jour sans venir visiter sa *diva*, et était
devenu comme un des meubles de son
salon. Il demeurait auprès d'elle des
heures entières sans lui parler, heureux
de la voir, de l'écouter et de la suivre de

l'œil dans tous ses mouvements. Toujours prêt à accomplir ses moindres fantaisies, quand elle avait l'imprudence de ne les pas tenir secrètes; ne se montrant jaloux d'aucuns des soins qui étaient rendus à son idole, parce qu'il était d'avance persuadé de leur vanité, si la Luigia se fût décidée à accepter quelque mariage honorable, il était homme à l'aider dans ce dénoûment, à condition toutefois que *son droit de visite* et d'adoration platonique eût été, en ce cas, expressément réservé.

Pendant le temps qu'elle avait passé à Londres, la protégée du comte Halphertius n'avait reçu de lui que deux lettres assez courtes par lesquelles il s'excusait, sur la multiplicité de ses affaires, de n'avoir point été la retrouver ; mais, après son retour à Paris, près de deux semaines s'étant écoulées sans qu'elle eût de lui la moindre nouvelle, elle commença à s'étonner de cette espèce d'abandon ; et cela d'autant mieux, qu'à tout moment, lord Barimore lui disait :

— Eh bien ! ce gentleman suédois ; on ne le verra donc pas ? Vous n'êtes certes pas femme à le recevoir en secret. Voilà un drôle d'attentif que vous avez là !

Et en parlant ainsi, il ne s'apercevait pas que lui-même formait une autre variété non moins extraordinaire.

Peu de jours après l'arrivée de la cantatrice, un autre soupirant s'était manifesté. La fantaisie qu'avait eue pour elle le marquis de Ronquerolles était loin de s'être refroidie. Il avait fini par être avisé de la duplicité de la Saint-Estève, et par là son désir s'était animé d'autant. Mais il n'avait pu de même pénétrer la réalité souterraine du prétendu comte Halphertius, son rival, qu'il avait vainement cherché dans tout Paris, avec l'intention de lui faire une querelle ; car, sans parler du duel célèbre qu'il avait eu, sous la Restauration, avec M. de Maulincour (voir *les Treize*), le marquis de Ronquerolles était connu par plusieurs autres histoires du même genre, et l'approche de la soixantaine n'avait que bien peu rafraîchi la tumultueuse ardeur de son sang.

Quand il sut la présence de la *diva* à Paris, comme il était d'une nature essentiellement audacieuse et insolente, il n'hésita pas à se présenter à la porte d'un petit hôtel qu'elle avait loué rue de la Pépinière et, se faisant annoncer sous son nom et ses titres, il fut immédiatement reçu.

— Madame, dit-il à la divinité du lieu, nous sommes, plus que vous ne le croyez, de connaissance, et j'avais eu le bonheur de deviner votre grand avenir avant que personne s'en avisât ici.

— J'avais donc eu l'honneur d'être entendue par votre *Seigneurie*? demanda la Luigia, qui croyait naïvement qu'un pair de France et un pair d'Angleterre avaient droit à la même qualification.

— Mais oui, sans doute, dit Ronquerolles, à Saint-Sulpice, pendant le mois de Marie, et passionné que je suis pour les arts, tout d'abord j'avais conçu le dessein de vous applanir les obstacles que les talents les plus élevés rencontrent souvent au début de la carrière.

— Je ne puis être que profondément reconnaissante de ces généreuses intentions.

— Malheureusement, reprit le marquis, en arrangeant un peu la vérité, une misérable, sur le compte de laquelle j'ai été édifié depuis, se mit en travers du bonheur que j'aurais eu à devenir en quelque sorte l'initiateur de votre beau talent. Dans la situation dépendante où vous vous trouviez alors, je n'avais pas osé me présenter chez vous, et la Saint-Estève, une femme, je le répète, dont j'ignorais en ce moment la profonde immoralité, avait été chargée de vous pressentir sur les chances que pouvait avoir mon zèle de se voir accueilli par vous.

— En effet, dit malicieusement la Luigia, madame de Saint-Estève, m'avait parlé d'un homme âgé et extrêmement respectable qui daignait s'intéresser à moi.

— Peut-être, dit le ci-devant jeune homme en se rengorgeant, ne me trouvez-vous pas tout à fait aussi vénérable qu'on vous l'avait dit? mais, ce qui était on ne peut plus réel, c'était mon ardent désir de vous être bon à quelque chose. Déjà j'avais fait auprès du directeur du Théâtre-Italien de Paris quelques démarches utiles; jugez donc de mon désappointement et de ma surprise en apprenant que, par l'intrigue de cette mégère, un étranger dont personne ne peut retrouver la trace m'avait supplanté dans le rôle que j'avais ambitionné.

En vivant au théâtre, la Luigia avait beaucoup appris et elle fut médiocrement dupe de la tournure honnête que Ronquerolles essayait de donner aux démarches qu'il avait fait faire auprès d'elle par la Saint-Estève. La *diva* lui témoigna néanmoins sa gratitude pour sa bienveillance passée ; quant à la bienveillance qu'il offrait encore pour l'avenir, en parlant de renouveler auprès de la direction des Italiens ses précédentes démarches, elle y opposa une fin de non recevoir sans réplique : déjà elle avait eu la visite du directeur, et elle était avec lui en arrangement direct.

Ainsi chassé de toutes ses positions, M. de Ronquelles en fut réduit à solliciter la grâce de revenir et d'être reçu *pour lui-même.* La Luigia lui accorda cette faveur qu'elle s'était fait une loi de ne refuser à aucun homme d'un certain rang ; mais la permission ne fut pas donnée d'un air à beaucoup encourager les prétentions qu'elle avait tout d'abord entrevues.

Quoi qu'il en soit, le marquis avait ses entrées ; il s'empressa d'en profiter, et beaucoup de temps ne se passa pas sans qu'il se rencontrât avec lord Barimore chez la cantatrice.

Comme ils se connaissaient d'assez ancienne date :

— Mon cher marquis, dit lord Barimore, vous voilà aussi papillonnant autour d'un foyer de lumière où bien d'autres se sont brûlés les ailes.

— Mais en effet, répondit gaîment Ronquerolles, je ne vois plus trace des vôtres.

— Oh! moi! j'admire et je ne prétends pas.

— Et moi, je regarde et vois venir.

— A l'heureux l'heureux, se dirent alors ces deux placides rivaux, en se promettant de se prendre mutuellement en patience jusqu'au moment où quelque chose d'un peu moins vague se dessinerait à leur horizon.

Un soir que tous deux ensemble brûlaient leur encens devant l'autel, on peut se figurer leur curiosité en entendant annoncer le comte Halphertius.

Aussitôt le marquis reconnut l'original qu'il avait rencontré chez la Saint-Estève, et cette découverte n'était pas faite pour lui rendre sa rivalité moins odieuse.

Comme s'il eût voulu constater ses droits :

— Ma chère belle, dit Vautrin d'un

air vainqueur, vous avez dû trouver *pour* étrange que vous n'avez pas entendu parler de moi depuis votre arrivée.

— En effet, monsieur, dit la Luigia, j'étais vraiment en peine de vous.

— J'étais dans un voyage d'affaires, et puis ces maudits tapissiers sont pour ne finir jamais.

— Comment! les tapissiers? Qu'ont-ils de commun avec votre absence prolongée?

— Vous savez : J'ai acheté le châlet de Ville-d'Avray?

— Oui, les journaux ont annoncé le nom de l'heureux acquéreur.

— Et vous savez pour qui !

— Pour vous, je pense.

— Non, *pour* que je vous en fais hommage.

— Pour moi ? mais je ne souscris pas du tout à cette générosité.

Ne tenant pas compte de ce refus, comme s'il n'eût été fait que pour la forme,

— Je ne voulais pas, continua le gentilhomme suédois, que vous y venez sans qu'il est meublé à neuf, et c'est ce soir seulement que je puis vous apporter les clés.

— J'ai l'honneur de vous répéter que je n'accepte pas ce cadeau ; je me trouve ici très convenablement logée.

— Hum ! dit Vautrin, en jetant autour de lui un regard dédaigneux ; le pavillon est mieux et quand vous le visitez !

— Mais je ne *le visite* pas, repartit vivement l'Italienne.

— Il le faut bien, ma toute belle, dit le faux Halphertius avec la dernière suffisance, *pour* que demain je vous y attends à déjeûner.

La Luigia le regarda d'un air à le faire rentrer en terre. Puis elle lui dit en se levant et en ouvrant la porte d'une pièce voisine :

— Vous plaît-il, monsieur le comte, que je vous entretienne un instant en particulier ?

Lord Barimore et Ronquerolles se levèrent, à leur tour, et parurent vouloir prendre congé.

— Du tout, du tout, dit la Luigia ; je n'ai qu'un mot à dire à monsieur, et je serais fâchée au contraire de ne pas vous retrouver.

Aussitôt qu'elle fut seule avec le prétendu Suédois :

— Monsieur, lui dit-elle, j'avais pris avec vous l'engagement de paraître recevoir vos soins avec une entière résignation, mais c'était à la condition que, de votre côté, vous garderiez les formes extérieures et les égards dont vous vous étiez piqué jusqu'ici.

— Oh ! les grands airs ! Je comprends,

dit Vautrin, vous avez hérité, vous n'avez plus besoin *pour* moi.

— Si des considérations d'intérêt, répondit l'Italienne avec dignité, pouvaient avoir sur moi quelque influenc ; achetée, même au prix d'un peu de honte, cette propriété que vous avez payée plus de cent mille écus, et dont vous vouliez tout à l'heure me faire présent, ne m'aurait pas paru mise à un trop haut prix.

— Enfin vous refusez *pour* l'accepter?

— Tout à fait, et je vous prie qu'il n'en soit plus parlé.

— Mais au moins vous venez y habiter *pour* la fin de l'été?

— Jamais je n'y mettrai le pied.

— Eh bien! alors nous nous brouillons.

— J'en serai aux regrets. Mais quand vous mettez à la continuation de notre bonne intelligence des conditions impossibles...

— Allons, dit Vautrin, vous êtes pour ce soir de mauvaise humeur; demain vous aurez mieux réfléchi. Et rompant brusquement l'entretien, il repassa dans le salon où attendaient ses prétendus rivaux.

Là, comme pour mettre le comble à toutes ses inconvenances :

— Messieurs, dit-il, d'un ton dégagé, madame ne me promet pas tout à fait *pour* qu'elle vient déjeûner demain à Ville-d'Avray ; mais, la nuit, je pense, elle se décide, et si vous me faites l'honneur de l'accompagner, je suis extrêmement reconnaissant.

Cela dit, sans attendre la réponse à son invitation saugrenue, le gentilhomme suédois fait un profond salut et disparaît.

Vautrin était trop habile et jusqu'ici il avait joué son rôle de grand seigneur étranger avec trop de vraisemblance pour qu'on ne soupçonne pas un dessous de cartes à la singulière attitude dans laquelle il vient de se montrer.

En effet voici ce qui s'était passé.

Du moment qu'il avait vu la Luigia hériter de lord Lewin, il avait senti que son engagement avec elle n'avait plus la moindre solidité. Elle cessait d'être la femme qu'il avait désirée; l'esclave qu'il pourrait compromettre à son aise et dont il lui serait loisible de faire la solennelle exhibition qui convenait à ses projets. D'ailleurs, à l'user, il trouvait son rôle de plus en plus difficile et dangereux, et, en somme, avec une mise en dehors énorme de capitaux, que lui avait rapporté cette comédie? Rastignac l'ajournait toujours, et si quelque scandale venait à résulter de son travertissement, celui-là même, qui l'avait inspiré, serait probablement le premier à faire argument de ce qui se serait passé pour manquer à toutes ses promesses conditionnelles.

Vautrin était déjà dans cette disposition d'esprit lorsqu'il avait eu une conversation avec le capitaine Franchessini. Celui-ci n'avait pas cru devoir lui cacher la velléité qu'il avait surprise chez Rastignac, de ne pas laisser plus longtemps la grande artiste livrée à la compromettante relation dans laquelle il la savait engagée.

Dès-lors, le parti du comte Halphertius avait été pris, il avait résolu de se faire disparaître de l'horizon parisien, et, comme transition à ce dénoûment, une rupture avec la Luigia lui paraissant convenable, on vient de voir la brutale manière dont il s'y était pris pour la rendre inévitable. S'il n'y avait pas mis plus de façons et de finesse, c'est que le résultat seul l'intéressait et la forme très peu.

Comme complément à son suicide, le gentilhomme suédois avait à opérer la vente de sa villa de Ville-d'Avray ; elle devenait désormais inutile, et un capital de plus de trois cent mille francs s'y trouvait immobilisé ; mais il savait bien où s'adresser pour s'en défaire. Jacques Bricheteau avait fini de liquider la succession de lord Lewin, et même il était revenu à Paris, de compagnie avec la Luigia ; les rapports d'affaires que sa qualité d'exécuteur testamentaire lui avait ménagés avec la belle légataire ayant, indépendamment de leur commune qualité d'artiste, établi entr'eux une assez intime liaison.

Vautrin pensait avec raison que, désormais en possession d'une grande fortune, Sallenauve serait empressé de se faire acquéreur des lieux où son ami Marie-Gaston avait laissé tant de sa vie et de ses souvenirs.

En conséquence, aussitôt après avoir quitté le salon de la cantatrice, il passa rue de l'Ouest, chez le député, s'assura qu'il était à Paris et remit à son adresse un billet où il lui annonçait qu'obligé de partir précipitamment, le comte Halphertius lui offrait de reprendre au prix coûtant la maison de campagne dont il s'était rendu récemment acquéreur. Il ajoutait que le lendemain à dix heures il se trouverait dans l'étude du notaire Cardot, prêt à passer ce contrat de vente, *expressément au comptant.* Si à onze heures M. de Sallenauve ne s'était pas présenté, le comte Halphertius terminerait avec un autre acquéreur qu'il avait de rechange, car à deux heures, au plus tard, il devait avoir quitté Paris.

Vautrin s'était ensuite rendu à l'étude de maître Cardot, et il comptait si bien sur le succès de la mise en demeure adressée à Sallenauve, qu'il donna des ordres pour que le lendemain à dix heures, le contrat à intervenir entre eux se trouvât tout dressé, et qu'il n'y eût plus qu'à le signer.

Le jour suivant les choses se passèrent comme il les avait prévues ; Sallenauve avait trop à cœur de rentrer dans l'ancienne demeure de Marie-Gaston, pour ne pas être exact au rendez-vous donné chez maître Cardot, quelque singulière qu'eût pu lui paraître cette offre de vente à brûle-pourpoint. Il n'avait point encore eu le temps d'opérer le placement des capitaux que Bricheteau lui avait apportés de Londres, et il s'était contenté de les déposer chez le banquier Mongenot : il put donc se prêter à toutes les exigences de son vendeur, et, après avoir été un instant compromis, le pavillon de Louise de Chaulieu retourna aux mains de son propriétaire naturel ; on peut dire, en effet, des habitations humaines, ce qu'on a dit des livres : *habent sua fata ;* elles ont une destinée.

Quelques jours plus tard le vieux Philippe reprenait au châlet sa position de majordome, et, au lieu de louer à Paris un hôtel, donnant congé de sa maison de la rue de l'Ouest, Sallenauve venait s'établir à Ville-d'Avray avec Jacques Bricheteau, qui pouvait désormais se passer de ses leçons et n'avait plus besoin d'être à Paris que le dimanche et les jours de fête pour le service de son orgue, auquel, il est presqu'inutile de dire que sur la somme qu'il avait recueillie dans la succession de lord Lewin, il fit faire à ses frais de grandes réparations.

Cet arrangement d'une vie en commun ne ressemblait guère à la séparation complète et absolue que l'organiste pendant longtemps, avait maintenue entre son existence et celle de Sallenauve. Depuis l'élection d'Arcis, Jacques Bricheteau avait semblé en finir avec tous les mystères ; il n'avait plus caché sa demeure, et plus d'une fois le député était allé l'y visiter. Mais, avant de venir s'installer au châlet, soit un besoin réel et reconnu de revenir à ses anciens errements, soit un instinct ou une manie d'avoir toujours dans son existence des portes dérobées, Bricheteau voulut s'arranger à Paris un pied-à-terre, et, chose assez digne de remarque, la situation de ce nouveau gîte devint un autre secret qu'il ne fut donné à personne de pénétrer.

En tout, au reste, cet homme était surprenant. Quand il fut question que Sallenauve montât sa maison, il s'offrit à se charger de ce détail, et tout à coup en lui se révéla un tel génie de l'intendance, que la table, les livrées, les chevaux, les équipages de l'héritier de lord Lewin ne tardèrent pas à devenir, pour tous les lions de Paris, un objet d'envie, sans que pourtant, pour tout ce luxe, il fût entraîné à une dépense exagérée.

Livré à ses instincts, Sallenauve eût préféré une existence plus modeste; mais en voyant au *Moniteur* une ordonnance du roi par laquelle, sous prétexte de donner au ministère le temps de préparer quelques lois importantes, la session, ouverte au mois de mai précédent, était suspendue à la mi-août et prorogée au 26 décembre :

— Voilà, lui dit Bricheteau, près de huit mois perdus pour votre avenir politique ; la mort de Marie-Gaston vous a empêché de vous produire ; l'éclat dont je vous entoure contribuera à réparer ce temps si mal employé. On fait son chemin dans l'opinion publique aussi bien par les petits que par les grands côtés ; par les choses qui servent de cadre et de draperies au mérite, que par le mérite lui-même ; il y a des gens qui font entrer jusqu'à leurs ridicules dans leur piédestal, et ce n'est pas sans dessein que je vous dore sur toutes les coutures ; seulement je tâche de combiner la richesse avec l'élégance, de manière à ne pas tomber dans le Turcaret ou dans le Nucingen : je veux faire de vous un démocrate à la manière de lord Byron.

— Malgré toute votre habileté et tout votre zèle, répondit mélancoliquement Sallenauve, vous ferez de moi, mon pauvre ami, ce que vondra la Providence, rien de moins, rien de plus.

Et il se dirigea vers le cimetière de Sèvres, où, quelques jours avant, Marie-Gaston avait été inhumé près de Louise de Chaulieu. L'idée lui était venue, à son tour, de leur élever un monument.

CHAPITRE QUATRIÈME

IV

Pour les débuts de la Luigia.

Précisément à l'heure où Sallenauve et le prétendu comte Halphertius étaient en train de conclure chez maître Cardot, une scène assez extraordinaire s'était passée à la porte de la maison qui, dans le moment, changeait de propriétaire.

Après s'être suivies de très près depuis Paris jusqu'à Ville-d'Avray, presqu'au même instant, à quelques pas du châlet, s'arrêtèrent deux voitures, et deux hommes en descendirent, et il se trouva que, sans s'être concertés, et s'étant au contraire mutuellement caché leur dessein, le marquis de Ronquerolles et lord Barimore arrivaient avec une seule et même intention.

— Vous ne venez certes pas déjeûner

chez cet insolent? demanda le marquis,

— Non, après les explications que la signora Luigia a bien voulu nous donner sur la nature de ses relations avec cet homme, j'ai trouvé que sa façon d'être avec elle hier soir méritait une leçon, et je suis ici dans le dessein de la lui donner.

— J'ai la même ambition, dit le marquis ; ainsi nous voilà en concurrence.

— Nous ne nous battrons pas cependant, j'espère, répondit lord Barimore, pour savoir qui de nous deux aura le plaisir de corriger ce drôle.

— J'aime à l'espérer, mais il faut nous entendre : deux contre un ne serait pas de très bon goût, et pourtant chacun de nous sera bien aise de se faire honneur de son dévoûment.

— Que le sort en décide, dit lord Barimore.

— Soit, répondit le marquis en tirant un louis de sa poche; le favorisé portera la parole, l'autre lui servira de témoin.

Et il se disposa à jeter en l'air la pièce d'or.

— Face! dit l'Anglais.

— Pile gagne, dit le marquis, à moi l'honneur du champ-clos, et aussitôt se dirigeant vers la porte du parc, il sonna vigoureusement.

Un concierge d'assez mauvaise mine vint ouvrir.

— M. le comte Halphertius ?

— Il n'y est pas, monsieur.

— C'est bien extraordinaire : il nous a invités aujourd'hui à déjeûner.

— M. le comte n'est pas venu ici depuis plus de quinze jours, et il ne m'a fait donner aucun ordre.

— Alors c'est une mystification, dit le marquis, en le prenant très haut. Où demeure-t-il, à Paris ?

— Je ne saurais dire à monsieur.

— Comment! vous ne savez pas l'adresse de votre maître.

— Je suis depuis peu de temps au service de M. le comte, et comme il ne dit pas beaucoup ses affaires...

— Mais au moins vous aurez bien le moyen de lui faire passer une lettre?

— Oh! oui, si monsieur veut écrire, le

valet de chambre de M. le comte vient plusieurs fois par semaine prendre les lettres qui peuvent se trouver ; c'est aujourd'hui son jour.

Le marquis entra chez le concierge et formula le billet suivant :

« Le marquis de Ronquerolles, assisté de lord Barimore, s'est présenté aujourd'hui chez M. le comte Halphertius, pour répondre à sa singulière invitation d'hier au soir. Fort étonné de ne pas le trouver à sa maison de Ville-d'Avray, il invite M. le comte Halphertius à lui faire savoir où il pourra prochainement être rencontré et le prie d'agréer ses salutations.

Dans la journée, M. de Ronquerolles reçut la réponse qui était conçue comme il suit :

« Le comte Halphertius n'avait pas espéré que M. le marquis de Ronquerolles prenait son invitation *pour* sérieux. Il sera toujours enchanté *pour* se rencontrer avec M. le marquis, mais ce sera, s'il lui plaît, à Bruxelles, où le comte Halphertius l'attend trois jours à l'*hôtel de Bellevue*. La doctrine de M. Dupin sur le duel conseille cette petite précaution, *dont* le comte Halphertius prie M. le marquis de Ronquerolles d'agréer ses sincères salutations. »

Deux jours après, le marquis, toujours escorté de lord Barimore, descendait à Bruxelles à l'*hôtel de Bellevue*. Au lieu du grand seigneur suédois, il y trouvait ce second billet :

« Forcé *pour* une affaire qui le commande, le comte Halphertius prie M. le marquis de Ronquerolles *pour* l'excuser s'il ne l'attend pas ; le comte Halphertius est six jours à Hambourg, à l'hôtel du *Faisan-d'Or*, où M. le marquis de Ronquerolles le trouve pour de sûr, et est prié d'agréer ses sincères salutations. »

Arrivé à Hambourg avec lord Barimore, M. de Ronquerolles s'empressa de se rendre au *Faisan-d'Or*. Là, point de comte Halphertius, mais un troisième billet ainsi conçu :

« Le comte Halphertius est désespéré *pour* la peine de M. le marquis de Ronquerolles, mais l'affaire qu'il comptait de terminer à Hambourg le force pour se rendre sans délai à Kalmar, petite ville de la préfecture de Kalmar (Suède), diocèse de Smaland ; dans cet endroit, à l'*Étoile polaire,* le comte Halphertius attend quinze jours le marquis de Ronquerolles et le prie d'agréer ses sincères salutations. »

— Je croirais assez que cet homme se moque de nous, dit naïvement lord Barimore.

— C'est aussi mon avis, dit le marquis, et je n'ai pas envie de le suivre jusqu'au fond de la Suède. Voilà trois billets qui témoigneront à la signora Luigia de notre dévoûment pour elle.

Et ils reprirent d'assez bonne humeur le chemin de Paris.

Mais ce qui leur parut moins réjouissant, ce fut de voir, en arrivant, quoiqu'ils eussent soigneusement gardé le secret de leur voyage, leur aventure devenue publique, et les exposant aux compliments de condoléance de tous leurs amis. Le colonel Franchessini et Rastignac savaient seuls le fin de la mystification. La ministre en rit parce qu'elle était plaisante, et elle le confirma dans l'idée que décidément Vautrin pourrait être utilement employé dans la police diplomatique. Cependant, il fit insinuer à M. de Saint-Estève, par le colonel, de mettre fin à cette grotesque histoire, et de ne pas se jouer davantage à M. de Ronquerolles, tant à cause de sa qualité que de son tempérament très peu jovial, qui lui ferait pousser très loin les choses s'il venait à découvrir la façon dont on s'était amusé de lui.

Voulant à toute force jouer auprès de la Luigia le rôle de protecteur, quand le marquis de Ronquerolles vit qu'il ne pouvait pas lui apporter la tête du Suédois, et que d'ailleurs, sans l'intervention de son influence, elle avait obtenu un très bel engagement, il alla trouver Rastignac, et se donnant des airs de bienveillance autorisée, lui demanda de faire entendre la cantatrice dans son salon ministériel avant qu'elle débutât au Théâtre-Italien.

Nous avons vu que le *petit ministre*, comme on l'appelait, avait de lui-même une assez grande disposition à s'occuper de la *diva*; il entra donc volontiers dans le désir du marquis et organisa un concert où elle devait chanter à côté des artistes les plus renommés de l'époque.

Quand la Luigia fut avisée de cette bonne fortune qu'on lui avait ménagée, elle ne montra à en profiter ni empressement extraordinaire, ni dédaigneuse indifférence; seulement, sous le prétexte de ne pas faire de jaloux, elle n'accepta pas plus le bras du marquis que celui de lord Barimore, et décida qu'elle ferait son entrée dans le salon du ministre sous la conduite de Jacques Bricheteau. Les airs simples et paternes de l'organiste ne devaient prêter ouverture à aucun commentaire, et d'ailleurs, ayant étudié avec lui à Londres, elle déclara qu'elle se sentirait plus à l'aise s'il tenait le piano.

Jacques Bricheteau, auquel Rastignac n'était pas fâché de témoigner des égards, ne se vit pas prié comme artiste, mais une invitation lui fut envoyée; une autre fut adressée à Sallenauve, avec l'espérance qu'il ne pousserait pas le puritanisme jusqu'à refuser de venir entendre de la musique chez un ministre, où d'ailleurs il devait rencontrer plusieurs autres membres de l'opposition.

Inutile de dire qu'un grand nombre de ceux que nous avons vus figurer dans ce récit, M. et madame de l'Estorade, madame d'Espard, lord et lady Barimore, M. et madame de Nucingen, M. et madame de la Roche-Hugon, l'inévitable Deslupeaux, le comte et la comtesse de Gondreville, du Tillet, les Keller, le colonel et madame Franchessini, madame de Montcornet et Émile Blondet, des *Débats*, durent faire partie de l'assistance; mais un élément tout à fait nouveau qui ce soir-là allait faire son début dans le monde ministériel, c'était la famille Beauvisage installée à Paris depuis le mois de juillet précédent; elle promettait de mettre sa maison sur un très bon pied.

Après que M. de Trailles fut parvenu à obtenir pour elle une invitation, un grand conseil fut tenu pour savoir si, étant en grand deuil, on pouvait, sans inconvenance, assister à une soirée?

La question fut à la fin décidée par l'affirmative : d'abord parce que cette soirée était un concert et ensuite parce qu'on s'assura que les Keller et les Gondreville ne s'étaient pas excusés. Leur situation, sans doute, était un peu différente ; la perte de Charles Keller était moins récente que celle de Grevin, et leur deuil était un deuil de fils, tandis que celui des Beauvisage était un deuil d'ascendant; mais le moyen pour cette famille de bonnetiers qui, pour la première fois, allait avoir accès dans les hautes régions sociales, de résister à la tentation ! Qui connaissait Grevin à Paris?

L'avenir politique de Beauvisage n'exigeait-il pas qu'on se hâtât le plus possible de se produire?

— Oui, c'est un sacrifice à faire, finit

par dire madame Beauvisage, et, malgré l'opposition de Cécile qui, seule, fut avis de s'excuser et de s'abstenir, il fut décidé qu'on profiterait de l'invitation.

Le soir de l'audition venu, muni d'un magnifique bouquet, tout de noir habillé et ayant pour cette seule occasion donné plus de soins à sa personne qu'elle ne lui en avait coûté depuis quarante ans, Jacques Bricheteau arriva pour prendre la Luigia. Se mettant peu à peu sur le pied de le traiter comme un père, l'aimable jeune femme passa en revue sa toilette et comme elle trouva qu'il n'avait pas réussi le nœud de sa cravate, elle le refit de ses belles mains.

C'est par les gants que se trahissent toujours l'inexpérience et l'incurie d'un apprenti dandy ; ceux que Bricheteau avait achetés étaient bien *paille*, suivant l'ordonnance ; mais des mains de carabiniers y eussent dansé à l'aise, et justement celles de l'organiste étaient longues et sèches, ce qui lui permettait de faire des octaves comme pas un pianiste dans le monde entier. L'Italienne ne voulut pas donner le bras à de pareils gants, et après avoir envoyé sa femme de chambre en chercher une autre paire, comme Bricheteau s'écriait que « jamais il ne pourrait entrer là dedans » elle eut la patience de lui montrer comment il fallait s'y prendre, et mit à l'aider dans la difficile opération autant d'adresse que la gantière la plus expérimentée.

Avec un exquis sentiment des convenances, Bricheteau n'avait pas voulu se servir d'une des voitures de Sallenauve, et il avait loué pour la soirée un élégant remise, le premier assurément dont il se fût servi de sa vie.

— Il faut convenir, lui dit la Luigia chemin faisant, que l'existence est bien pleine de choses imprévues ! Qui m'aurait dit, au commencement du mois de mai dernier, lorsque je m'en allais seule à pied avec ma petite robe de mérinos, pour chanter au mois de Marie, que, quelques mois plus tard, en riche toilette, dans un élégant coupé, je m'en irais chez un ministre, où m'attend le plus beau monde de Paris ?

— Ces brusques changements, répondit Jacques Bricheteau, ne sont pas absolument rares dans la vie des femmes ; seulement ce n'est pas toujours le talent et la sagesse qui les amènent.

— Eh bien ! à l'époque que je rappelle, reprit l'Italienne, il me semble que j'étais plus heureuse.

— Voulez-vous être grondée ? dit l'organiste.

— Non ; je sais qu'il faut oublier tout ce bon-mauvais passé, puisque *son* avenir, dites-vous, en dépend. Mais j'ai toujours peine à croire que vous arrangiez tout cela comme il faut.

— Vous parlez, ma chère amie, de ce que vous ne savez pas.

— Mais au moins y sera-t-*il* ce soir ?

— Sans aucun doute, et même il ne pourra se dispenser de venir comme tout le monde vous adresser ses félicitations.

— Soyez tranquille, je sais être maîtresse de moi, et c'est un glacier qui *lui* répondra. J'ai seulement peur qu'il ne prenne ma froideur pour l'orgueil du succès.

— Il vous a assez longtemps méconnue pour que vous n'ayez pas à vous soucier de la façon dont il interprétera votre réception.

— Oh! oui, dit la Luigia avec des larmes dans la voix, *il m'a fait bien souffrir, mais c'est égal, je l'aime !*

— Voyons, Luigia, vous allez vous rendre les yeux rouges maintenant?

— Non, je ne pleurerai pas, d'ailleurs j'espère toujours un peu, car si Dieu veut que je sois à lui, malgré lui, malgré vous, ce qui doit être sera.

— Vous feriez bien mieux de penser à votre point d'orgue que vous avez manqué ce matin en répétant.

— Oh! je ne le manquerai pas ce soir, *il* sera là!

A cet instant la voiture s'arrêta devant le perron de l'hôtel du ministre, et, un moment après, les deux artistes faisaient leur entrée dans les salons.

Le succès de beauté de la Luigia fut immense : vêtue d'une robe de velours noir décolletée et à manches courtes, qui laissait admirer des bras et des épaules auxquels Sallenauve n'avait rien trouvé à modifier quand il les avait attribuées à sa *Pandore*; le front couronné de cette coiffure à la fois savante et négligée, qu'elle arrangeait toujours de ses mains, et dans laquelle, pour la circonstance, elle avait glissé un seul camélia blanc, la cantatrice était si merveilleuse d'aspect, qu'au moment où elle traversa le salon pour aller saluer madame de Rastignac, un long murmure d'admiration accueillit son entrée.

S'avançant à son tour pour la recevoir, le ministre s'embarrassa dans son compliment. Ses yeux furent plus éloquents que sa parole, et, un instant après, il disait au colonel Franchessini :

— C'est une beauté véritablement foudroyante !

— Vous trouvez ! répondit le colonel ; moi j'aime mieux les blondes.

Et il s'approcha de la blonde madame de Rastignac qui dans le moment causait vivement avec madame de l'Estorade.

— Madame, lui dit-il, je vous engage à surveiller votre mari, il vient de m'avouer que cette Italienne avait fait sur lui un prodigieux effet.

La femme du ministre accueillit en riant cette dénonciation ; elle avait l'air d'une innocente plaisanterie, mais en réalité avait la valeur d'un de ces glands qu'un enfant sème dans un coin de son jardinet, et qui, plus tard, y devient un chêne. Dans le moment, madame de Rastignac était à mille lieues de pouvoir prendre de la jalousie ; avec une mémoire assez peu charitable, madame de l'Estorade venait de lui raconter la visite qu'elle avait faite, accompagnée de son mari, à l'atelier de Sallenauve, alors que la Luigia était chez lui en qualité de gouvernante :

— Vous représentez-vous, colonel, dit la comtesse Augusta, cette belle dame qui tourna la tête à M. de Rastignac, s'escrimant du balai et du plumeau ?

— Si l'on voulait ainsi remonter à la source de toute chose, répondit le colonel, on trouverait que les loges de portier ont fourni les trois quarts de nos célébrités dramatiques.

Comme il finissait cette phrase, un prélude de piano suspendit toutes les conversations, et mademoiselle Josepha Mirah, l'un des premiers sujets de l'Opéra, dont le talent avait pour protecteur le duc d'Hérouville, chanta avec talent la grande cavatine de *la Muette*. Inutile de dire que la célèbre artiste fut couverte d'applaudissements.

Après elle, on entendit le célèbre

chanteur et compositeur Gennaro Conti (voir *Béatrix*) qui remua profondément l'assistance, avec le fameux *Pria che spunti l'aurora*, un air qu'il disait d'une façon supérieure, et avec lequel, quelques années avant, il avait tourné la tête de la belle marquise Béatrix de Rochefide, dont il venait de se séparer, après l'avoir compromise jusqu'à un enlèvement.

Quand fut venu le tour de la Luigia, pendant que, sans se soucier de la présence de sa femme, lord Barimore, et, d'un autre côté, le marquis de Ronquerolles guettaient, à l'envi l'un de l'autre, le moment de faire auprès d'elle acte de *sigisbéisme*, troisième larron, survint Rastignac, qui lui offrit galamment son bras pour la conduire au piano, magnifique instrument d'Erard, que déjà Jacques Bricheteau faisait piaffer sous ses doigts.

La Luigia chanta la première cavatine du rôle d'Arsace dans *Semiramide : Ah! qual giorno !* Avant et depuis la Pisaroni, on a toujours passé cet air à la représentation, comme étant d'une difficulté inabordable; ce qui n'empêcha pas la *diva* d'y obtenir un succès pareil à celui de son illustre devancière. A trois ou quatre reprises, et quand déjà elle avait regagné sa place, le salon retentit d'applaudissements frénétiques, et lord Barimore fut aperçu dans un coin, s'essuyant les yeux.

Un peu après, tandis qu'un pianiste quelconque exécutait un de ces feux d'artifice de triples croches qu'on appelle un air varié, placé au centre d'un groupe qui recueillait avec soin son jugement, Gennaro Conti analysait, à peu près dans ces termes, le talent de la grande artiste :

— Dans l'origine, disait-il, sa voix a dû être un contralto franc, mais le travail l'a si bien modifiée, qu'elle peut at-

teindre jusqu'à l'*ut* aigu du soprano. De
là une voix mixte qui, depuis le *fa* grave,
a une étendue de deux octaves et demi.
Elle chante tantôt en contralto, tantôt en
soprano; tantôt de la poitrine, tantôt de
la gorge; il y a dans ces sons gutturaux
quelque chose d'étrange et de sauvage,
mais qui vous remue jusqu'au fond de
l'âme. D'ailleurs, quel admirable goût
dans le choix de ses fioritures comme
dans les premières mesures du récitatif,
on s'est tout de suite attendu à quelque
chose de magistral; quelle voix mâle et
vibrante, quelle prononciation accentuée dans les phrases passionnées! Après
cela, je doute qu'elle puisse être aussi
remarquable dans le genre bouffe que
dans le genre sérieux.

— Mon cher comte, vint à ce moment lui dire Rastignac, mademoiselle Josepha vient de nous faire un tour : elle a disparu au milieu du brouhaha causé par le triomphe de la belle Italienne, ce qui est bien premier sujet de l'Opéra ; *à la demande générale du public*, je viens vous prier en dehors du programme, de chanter avec la signora Luigia le duo de la *Semiramide, Bella imago.* On veut voir si, comme dans sa cavatine, elle y égalera la Pisaroni.

— Mais nous n'avons pas répété, objecta Conti.

— Qu'importe ! elle est musicienne

consommée, et consent à cette épreuve ; quant à vous, nous sommes tranquilles, et puis l'accompagnateur est excellent.

— Pour ça c'est vrai, dit Conti; mais d'où sort cet homme qui a la tournure d'un cuistre avec le talent d'un maestro?

— C'est un organiste, dit en riant Rastignac; un ancien employé de la salubrité que nous avons destitué, parce qu'il se mêlait d'élections.

— Où diable la musique va-t-elle se nicher! répondit Conti qui s'approcha de la Luigia pour lui demander si, en effet, elle était décidée à entreprendre la rude tâche que leur imposait le ministre.

Sallenauve, resté jusque-là perdu dans la foule, venait de s'approcher d'elle à la suite d'une nuée d'admirateurs, dont il fallait que la pauvre idole essuyât les compliments. En voyant venir la pensée ordinaire de sa vie, elle s'était sentie prise d'un battement de cœur et ne savait trop comment elle jouerait le rôle de *glacier* auquel elle s'était engagée avec Bricheteau.

Conti lui parut comme une Providence, laissant à peine Sallenauve achever de lui dire que depuis qu'il l'avait entendue à Londres elle avait fait d'immenses progrès, sans même que le chanteur eût parlé, elle lui prit le bras et se dirigea vers le piano. Conti de sa nature était avantageux, l'émoi de la *diva* ne lui avait pas échappé. — Hum ! pensa-t-il, l'idée de chanter avec moi la remue à ce point. Au fait, j'ai bien ensorcelé Béatrix, qui était une grande dame ; pourquoi pas celle-ci ?

CHAPITRE CINQUIÈME

V

Revirade.

On n'eut pas, ce soir-là, l'occasion de contrôler la justesse du jugement de Conti relativement à l'insuffisance probable de la Luigia dans le genre bouffe. Après le duo de la *Semiramide* qui fut, cela va sans dire, vaillamment exécuté par les deux grands artistes, la *diva* se trouva si fatiguée qu'elle demanda grâce pour un air de l'*Italiana in Algeri*, inscrit encore à son compte dans le programme.

Toute espèce de public est ainsi fait, qu'aux reprises qu'il lui est permis d'opérer sur son admiration, il trouve toujours une secrète joie. La virtuose qu'on avait si chaleureusement applaudie, quand on la vit faire faillite de sa cavatine bouffe, resta atteinte et convaincue d'une impuissance radicale à interpréter la musique légère, et le côté passionné et dramatique de son talent fut le seul que provisoirement on lui accorda.

Il ne parut pas toutefois que le thermomètre de Rastignac fut descendu d'autant de degrés, car, au moment où il vit la virtuose se lever pour sortir, il courut sur sa trace et lui fit l'insigne honneur de l'accompagner jusqu'à sa voiture, de telle sorte que cet empressement fit scandale, et le lendemain il ne fut question d'autre chose dans les salons de Paris.

Le départ de la Luigia amena aussitôt un grand vide dans les salons ministériels : Sallenauve put alors s'approcher de madame de Rastignac, qu'il n'avait pas encore saluée, et en même temps il se trouva en présence de madame de l'Estorade.

Malgré le froid de convention qui était entr'eux, il ne crut pas devoir s'abstenir de lui adresser quelques mots, et rien de plus obligeant que la politesse dont il s'ingénia.

— Madame, lui dit-il, en devenant propriétaire du pavillon de Ville-d'Avray, que j'ai acheté tout meublé, j'ai trouvé un grand nombre d'objets ayant été à l'usage personnel de madame Marie-Gaston ; j'en ai fait remettre quelques-uns à la famille de Chaulieu, mais j'ai réservé votre part, que je vous eusse déjà fait parvenir, si je n'avais entrevu à cet envoi quelque inconvénient.

— Que vous êtes bon, monsieur ! Vous pensez à tout, dit madame de l'Estorade avec une vive expression de reconnaissance ; et, en même temps, apercevant son mari, qui, suivant son habitude, pérorait non loin d'elle dans un groupe, au grand étonnement de Sallenauve, elle lui fit signe d'approcher.

— Voilà monsieur, lui dit-elle, qui veut bien m'offrir de me faire héritière de plusieurs choses ayant appartenu à ma pauvre Louise, et qu'il a trouvées au châlet dont il est devenu propriétaire. Comme les aimables lois que vous avez faites, messieurs les législateurs, ne permettent pas à une pauvre femme d'accepter même un legs, sans l'autorisation de son seigneur et maître, je voulais vous demander la permission de profiter de la gracieuse munificence de monsieur.

— Vous savez, ma chère, répondit M. de l'Estorade, que tout ce que vous faites est bien fait, et puisque l'occasion s'en présente, si M. de Sallenauve voulait m'accorder un moment d'entretien?

— A vos ordres, monsieur le comte, répondit Sallenauve ; et, assez intrigué de ce qui allait suivre, il se laissa conduire à l'extrémité de l'enfilade des salons jusqu'à un petit boudoir garni de divans, où l'on était à peu près sûr de pouvoir causer sans être interrompu.

Aussitôt qu'ils furent assis :

— Monsieur, dit M. de l'Estorade, j'avais l'espérance de vous trouver ici ce soir; en conséquence je m'étais muni d'une pièce qui va vous montrer sous son vrai jour la conduite peu amicale que j'ai pu tenir avec vous.

En même temps, il lui présenta la funeste lettre de Marie-Gaston; on se rappelle que déjà, par une confidence de madame de l'Estorade, Sallenauve en avait su l'existence et le contenu.

Après que Sallenauve eut lu le texte même :

— Cette terrible épître, reprit le pair

de France, venait éclater dans ma vie, justement à une époque où l'affection chronique dont je suis certainement atteint, menaçant de passer à l'état aigu, devait livrer ma pauvre imagination aux plus noires chimères. Quoiqu'en réalité vous n'eussiez jamais rien fait pour justifier de ma part un mauvais sentiment, sous le coup de ma souffrance, encore exaspérée par cette malheureuse lettre, je pris pour vous une haine violente, aveugle, et je vous considérai en un mot comme mon plus dangereux ennemi.

— Je comprends cela ; mais aller jusqu'à me supposer coupable d'une bassesse!

— Que voulez-vous? j'étais fou moi-même; la passion politique s'en mêla; enfin je me donnai des torts immenses. Depuis, ma santé s'est améliorée; j'arrive des eaux de Vichy dont j'ai éprouvé de très bons effets, et le premier usage que je fais du retour de ma raison, c'est de venir à vous, en vous demandant d'oublier le passé.

Sallenauve était une nature si noble, qu'il fût touché jusqu'aux larmes de la démarche du pair de France.

— Moi-même, dit-il généreusement, je ne fus pas sans quelques torts !

— Eh bien ! dit gaîment M. de l'Estorade, dos à dos et dépens compensés.

Ensuite, ils se donnèrent une affectueuse poignée de mains, et probablement ils eussent été jusqu'à l'accolade, si le lieu l'eût permis.

— Maintenant, dit M. de l'Estorade, que je vous fasse mon compliment :

vous voilà arrivé à une situation superbe !

— Oui, mais je l'ai cruellement achetée par la perte de deux hommes qui m'étaient chers à des titres différents : quoique ma liaison avec lord Lewin fut d'origine bien récente, j'avais conçu pour son esprit et son caractère la plus vive affection.

— Que voulez-vous ? quand on est, comme nous, prédestiné, on doit s'attendre à voir entasser autour de soi bien des ruines ; la loi de la Providence paraît être que rien ne se crée que par la destruction : un grand ne se fait qu'aux dépens de beaucoup de petits ; aussi ai-je l'espérance de vous voir bientôt revenir de ces idées démocratiques qui sont maintenant un contre-sens avec votre situation sociale.

— Je tâcherai pourtant de tout concilier, dit Sallenauve ; mais pour en revenir à l'offre qu'a bien voulu accueillir madame de l'Estorade, vous m'autorisez donc à faire porter chez vous !...

— Du tout, dit M. de l'Estorade, nous

irons nous-même prendre ce que vous destinez à ma femme. Je suis seul à ne pas connaître cette propriété que l'on dit délicieuse, nous emmenerons Naïs, qui est restée inébranlable dans ses sentiments pour son libérateur; son affection à elle n'a pas connu d'intermittence.

— Alors faites-moi l'honneur de venir dîner au châlet.

— Pour vous prouver que je suis bien revenu de ma sotte jalousie, j'accepte, dit M. de l'Estorade.

— Nous aurons le curé de Sèvres avec

sa mère, s'empressa d'ajouter Sallenauve qui, avec un sentiment exquis des convenances, parait ainsi à sa position de célibataire.

— Eh bien! le jour ? dit avec entrain le pair de France.

— Mais celui qu'il vous plaira choisir.

— Pas plus tard que demain, répondit M. de l'Estorade, et ne prenez pas la peine de venir renouveler en personne votre invitation à madame de l'Estorade; vous ne nous trouveriez pas ; nous allons demain visiter le musée de Versailles, et en revenant, nous nous rebattrons chez vous.

La réconciliation ainsi opérée, le pair de France et le député n'auraient pas sans doute tardé à lever la séance ; mais deux autres hôtes de Rastignac, qui venaient au même lieu chercher la solitude pour une causerie intime, hâtèrent le moment de leur séparation.

Ces deux survenants étaient Beauvisage d'une part, d'autre part Célestin Crevel, ancien parfumeur, ancien adjoint au maire du deuxième arrondissement et, pour le moment, chef de bataillon, décoré, de la deuxième légion, un de ces bourgeois sur lesquels la royauté de juillet eut le tort de prendre beaucoup trop complaisamment son appui. (Voir les *Parents pauvres*.)

Crevel et Beauvisage se connaissaient de longue date ; au moment où il succéda au célèbre César Birotteau, Crevel avait épousé la fille d'un fermier des environs de Provins. Cette ville n'est qu'à peu de distance d'Arcis, et Beauvisage, ami de la famille où entrait le parfumeur avait assisté à son mariage. Ces deux hommes s'étaient aussitôt sentis faits pour se comprendre, et pendant les trois

jours qu'avait duré la noce, ils s'étaient
assez intimement liés pour en être venus à se tutoyer. En se séparant ils s'é-
taient promis de s'écrire ; mais l'*écriture*,
comme le disait naïvement Crevel, n'é-
tant pas leur fort, cette correspondance
avait langui, et, au milieu du tourbillon
de la vie parisienne, le propriétaire de la
Reine des Roses avait à peu près oublié
l'habitant d'Arcis. Beauvisage, au contraire, avait toujours gardé de l'esprit,
de l'entrain et de la jovialité de Crevel,
un souvenir vivant, et quand il avait été
question que la famille émigrât à Paris,
c'était bien plus sur le parfumeur retiré
et parvenu aux honneurs municipaux,
que sur son futur gendre, avec lequel il
se sentait mal à l'aise, que Philéas avait

compté pour être promptement dépouille
de sa rouille provinciale. C'était Crevel
qu'il se proposait de consulter sur l'a-
meublement de l'hôtel Beauséant ; Crevel qui lui donnerait un tailleur ; Crevel
surtout qui devait le diriger dans le placement de ses capitaux ; aussi dès son arrivée, s'était-il empressé de se rendre
rue de Saussaies, où demeurait son ora-
cle ; mais, à la fin de juillet, l'ancien parfumeur qui se piquait d'élégance, était
comme tout Paris aux bains de mer ; ensuite il avait fait le voyage des bords du
Rhin, s'était arrêté quelques semaines à
Bade, et c'était seulement au mois d'oc-
tobre qu'il avait pu être rencontré par
Beauvisage dans le salon de Rastignac,
où leur reconnaissance venait de s'opérer.

— Comment! dit Beauvisage, en continuant, assis dans le boudoir, une conversation que nous devons reproduire, parce qu'elle n'est pas indifférente à l'avenir de ce récit, cette actrice de l'Opéra qui a chanté la première, a été ta maîtresse?

— Oui, très cher, dit Crevel c'est moi qui l'ai lancée ; ensuite elle m'a été décrochée par un intendant militaire nommé Hulot, qui a eu l'agrément de se ruiner pour elle : Maintenant elle est entretenue par un duc immensément riche, mais que tu n'as pas vu ici ce soir, à cause de ses opinions légitimistes. Ces messieurs s'arrangent très bien de nos restes ; mais ils se croiraient déshonorés de se trouver dans un salon où figurent d'anciens commerçants comme nous.

— Et maintenant, dit Beauvisage, quelle est l'aimable sultane? car tu ne me parais pas un gaillard à te laisser chômer.

— Pour l'instant je folichone avec une petite qui m'a plu par son caractère ; tu verras, elle est drôle ; je te ferai dîner avec elle, mais je n'ai ça qu'en attendant, je pense à me jeter dans les femmes du monde.

— Comme mon futur gendre, alors? dit Beauvisage; il paraît qu'il en a eu de ces comtesses et de ces marquises?

— Oh! pas toujours, répondit Crevel; il n'y a pas longtemps, il cultivait une demoiselle Antonia Chocardelle qu'il avait fort bel et bien colloquée dans un cabinet de lecture.

— Mademoiselle Antonia? dit vivement Beauvisage, je la connais.

— Comment! monsieur le libertin! à peine débarqué à Paris, nous aurions déjà des intrigues?

— Non, c'est à Arcis que je l'ai vue pendant les dernières élections, elle était venue avec un journaliste.

— Eh bien! avons-nous poussé un peu vivement notre pointe?

— Il y a eu un léger commencement; mais tu comprends, dans un petit endroit comme le nôtre, étant surtout maire de la ville, on a un certain décorum à garder, d'autant mieux que j'étais sur les rangs pour la députation, et puis madame Beauvisage, c'est une tigresse pour la jalousie!

— Elle est très bien, ta femme ! dit Crevel : je la regardais tout à l'heure ; elle est ma foi ! d'une magnifique conservation ; mais c'est connu, on sait ça par cœur. D'ailleurs, la femme honnête, ça n'a jamais le montant de nos drôlesses : tu seras étonné de ma petite Héloïse ; il n'y a pas une actrice à Paris pour vous faire rire comme elle.

— Ça doit te coûter gros, remarqua Beauvisage.

— Du tout, mon cher ; c'est là des idées de province. Certainement, si on va se frotter à des premiers sujets du chant et de la danse, on est mené bon train, à preuve Josepha et mon ami Hulot, qui m'a rendu le service de m'en priver au bon moment. Mais quand, comme toi et moi, on paie encore de sa personne, en s'adressant à quelque chose de gentil, qui ne soit pas encore trop lancé, mon dieu! avec une robe par-ci, par-là, deux ou trois termes de loyer qu'on solde, un peu de mobilier d'occasion, on peut s'en tirer à très bon compte. Il n'y a que ces imbécilles de jeunes gens qui se ruinent, parce que le fonds de roulement leur manque, et qu'ils sont obligés de passer par les mains des usuriers.

— Est-elle toujours avec ce journaliste, cette belle demoiselle Antonia!

— Oh! un journaliste, mon cher, ça ne compte pas, ça passe par-dessus le marché ; elle était en dernier lieu avec Charles Keller, le fils du banquier, ton ancien député, mais depuis j'ignore qui est-ce qui a succédé : je pourrai te dire ça, du reste ; je n'ai qu'à demander à Héloïse.

— Affaire de curiosité, dit Beauvisage, car j'ai bien d'autres choses à m'occuper, voulant me lancer dans la vie politique.

— La politique et les amours marchent très bien ensemble, répondit Crevel, et nos hommes d'État, je te prie de le croire, ne s'en privent pas. As-tu vu ce soir le petit ministre, comme il était empressé auprès de cette Italienne!

— Il y a pourtant peu de temps qu'il est marié, remarqua pieusement Beau-visage.

— Oui, mais il a épousé la fille par continuation de la mère; blond sur blond, ça ne tranche pas, au lieu qu'une luronne aux cheveux noirs et qui vous a un gosier comme ça?

— Tu es très bien, toi, mon cher, avec le ministre? tu pourras me donner un coup d'épaule pour le décider à me pousser à la députation.

— Tu vois, dit Crevel avec une humicité jouée : on a daigné m'inviter pour ce concert qui était une soirée priée; moi, je ne me mêle pas de politique, j'aime mieux mes plaisirs, j'aurais pu, comme un autre, devenir député, mais quand on a été vingt ans dans les affaires, aller encore s'occuper de celles de l'Etat, je trouve que c'est de la bêtise. On m'a tourmenté pour être chef de bataillon dans ma légion; ce n'est pas toujours agréable surtout au

12 mai dernier, où il a fallu payer de sa personne.

— Mais je croyais qu'on s'était très peu battu, et que la garde nationale n'en avait pas été !

— Comment! mon cher, il y a eu un homme de ma légion tué par un de ses camarades qui a laissé partir son fusil au repos.

— C'est égal, c'est un joli poste, chef de bataillon.

— Oh! voilà! les suffrages de vos concitoyens viennent vous chercher, et c'est toujours flatteur quand on n'a pas intrigué! Après ça, on dîne à la table du roi, aux Tuileries, les jours de garde, et il ne se donne pas de fête au château qu'on n'y soit invité. Je t'avoue que cela suffit à mon ambition, et, comme ancien propriétaire de la *Reine des Roses*, je fais comme Anacréon chez Polycrate, et couronne mon existence d'autant de fleurs que je peux.

— Moi, dit Beauvisage, je ne pensais pas non plus à entrer à la chambre, mais M. Maxime de Trailles a mis l'ambition dans la tête de ma femme; il fallait établir la petite, et avec la fortune qu'elle a, je n'étais pas fâché qu'elle se mariât dans la noblesse. Mon gendre, qui ne l'est pas tout à fait encore, est venu à se présenter...

— Ah ça! tu sais qu'il se teint, ton gendre

— On a fait courir ce bruit-là à Arcis : on est si méchant dans ces petites villes !

— Oh! mais moi, je te le garantis ; c'est mon successeur qui lui fait une *eau de Perse* dans laquelle il entre des ingrédiens *strémement* chers ; puisqu'il faut parler de cent cinquante francs pour un flacon qui n'est pas plus long que les deux doigts.

— Enfin, Cécile l'aime comme ça, et puis vraiment il a été très bien lors de la signature du contrat ; c'est un homme qui a du crédit ; tu vois, il n'a eu qu'un mot à dire pour nous faire inviter ici. Maintenant, ma foi ! je suis piqué d'honneur, il faut que j'arrive à la chambre, après tout, je n'y ferai pas plus mauvaise figure qu'un autre.

— Mais, mon cher, il n'y a que les

commerçants pour entendre les affaires ;
j'ai toujours comparé le gouvernement
de l'Etat à celui d'une maison de commerce : qui gère bien l'une, saura gérer
l'autre. Le commerce, c'est ce qui fait
la grandeur des nations, et pourvu que
ta femme sache tenir un salon, et bien
donner à dîner...

— Oh! mon cher, madame Beauvisage, de l'avis de tout le monde, est une
femme supérieure ! et, quand nous aurons une fois monté notre maison tu
verras comment elle s'entend à recevoir !

— C'est très bien ; mais toi, mon bon,

si tu m'en crois, tu ne te confineras pas
trop dans les douceurs de la vie domestique. Il n'y a rien de tel que les femmes
pour dégrossir un homme, surtout celles
qui ont vécu, parce que, tu comprends,
ça en sait plus long.

A ce moment Crevel s'aperçut que le
vide commençait à se faire dans les salons, et il engagea Philéas à aller rejoindre madame Beauvisage. Toutes les femmes étaient parties, et, restée la dernière, avec Cécile, Séverine commença
par se féliciter de l'abandon où la laissait son mari. Pendant que Maxime était
allé à la découverte de son imbécille de
beau-père, comme il avait coutume de

l'appeler, dressée par le petit ministre à faire des politesses aux figures les plus provinciales qui se rencontraient dans son salon, parce que sous les rudes écorces pouvait se cacher quelque chose de représentatif, madame de Rastignac était venue s'asseoir auprès de la maîtresse et lui avait adressé quelques paroles obligeantes.

Mais, vivement préoccupée de l'attitude prise par Rastignac auprès de la Luigia, la comtesse Augusta n'était pas en grande veine de causerie ; de son côté madame Beauvisage se sentait empruntée avec une femme dont le ton et les manières ne ressemblaient guère à ceux de madame Mollot et de madame Marion ; elle avait déjà eu une phrase malheureuse ; la conversation tombait à chaque moment; de telle sorte que la pauvre femme finissait par être véritablement au supplice.

Au moment où Philéas et Crevel rentrèrent dans le salon, convoyés par Maxime, qui avait rudement semoncé son beau-père :

— Eh bien ! commandant, dit Rastignac à l'ancien parfumeur, comment avez-vous trouvé notre cantatrice?

— Oh ! parfaite, répondit Crevel, parfaite ; on n'a pas un plus joli gosier.

— Monsieur Beauvisage ! dit Maxime, en profitant de l'occasion pour présenter son beau-père.

— Ah ! monsieur, dit le ministre, charmé de faire votre connaissance, nous n'avons pas été assez heureux pour vous voir arriver à la chambre. Nous y avons bien besoin d'hommes comme vous, et le lien qui doit bientôt unir à vous mon ami Maxime, nous eût été un gage de plus de votre bonne volonté à nous venir en aide. Enfin, il faut espérer que ce malheur pourra être réparé.

Et, après un petit salut sec, Rastignac se sépara du groupe pour aller dire un mot à Deslupeaux, qui s'en allait.

Beauvisage fut également présenté à madame de Rastignac qui, en louant la beauté de Cécile, fit une allusion au mariage de Maxime, dont celui-ci l'avait avisée, en la priant de peser dans ce sens, à l'occasion.

La retraite des Beauvisage allait devenir le signal de deux scènes de ménage, l'une bruyante, verbeuse et sans fin, comme on les pratique dans le monde bourgeois; l'autre, courte, résumée en quelques mots piquants, dont l'aigreur d'ailleurs soigneusement enveloppée, ainsi que cela se passe dans le monde élégant.

— Il est inouï, s'écriait madame Beauvisage avec un visage enflammé, qu'on plante là sa femme pour aller bavarder avec ce Crevel, un homme du dernier mauvais ton, immoral, qui ne peut donner que de mauvais conseils, et que très certainement je ne recevrai pas quand, l'hiver prochain, mon salon sera ouvert.

La courte distance qui séparait l'hôtel du ministre des travaux publics de l'hôtel Beauséant, ne suffit pas aux innombrables variations dans lesquelles fut promené ce thême, et Philéas, déjà coiffé de nuit se disposait à prendre possession de son lit, que la mercuriale durait encore.

Au ministère des travaux publics, quand Rastignac fut seul avec sa femme :

— Nous ne montons pas ensemble ?

dit Augusta, en le voyant se diriger du côté de son cabinet.

— Non. J'ai beaucoup d'arriéré ; je vais donner des signatures pendant une heure ou deux.

— Comment ! à près de minuit, vous mettre au travail, quand surtout vous êtes déjà recru de toutes vos émotions de la soirée !

— Quelles émotions ? dit assez résolument le ministre.

— Mais celles d'un dilettantisme effréné ; jamais je ne m'étais aperçue que la musique italienne vous passionnât à ce point.

— La femme que nous avons entendue ce soir, répondit gravement Rastignac, est une artiste véritablement hors ligne, comme ministre du roi, un de mes premiers devoirs est d'encourager les arts...

— Industriels, dit Augusta au ministre des travaux publics.

— Et d'honorer le talent partout où je

le rencontre, continua le ministre, sans s'arrêter à l'interruption ; c'est ainsi qu'on donne à un gouvernement de la popularité.

— Bonsoir donc, monsieur de Colbert, dit la comtesse en lui faisant une grande révérence ; et, ce soir-là le ministre se serait présenté à la porte dérobée, qu'il ne serait parvenu, comme on dit vulgairement, à se la faire ouvrir ni pour or ni pour argent.

CHAPITRE SIXIÈME

VI

Un tigre apprivoisé.

Quand le lendemain matin Sallenauve eut donné le bonjour à Jacques Bricheteau :

— Mon cher intendant, lui dit-il, j'ai à vous demander de faire préparer un petit dîner fin. J'attends ce soir des convives auxquels je tiens à faire une réception d'autant plus galante, qu'ils sont pour nous plus imprévus.

Et il lui raconta la réconciliation qui la veille s'était opérée entre lui et les l'Estorade.

— C'est étrange, dit Jacques Bricheteau, la lettre de notre pauvre fou explique la brouille et les mauvais procédés, mais elle n'explique pas de même ce retour si prompt, si absolu.

— Il me semble pourtant que cela se comprend : un homme fait, hors de sens, des choses qu'il regrette et dont il rougit, une fois qu'il est revenu à la raison.

— Non, reprit l'organiste, la conduite de M. de l'Estorade n'a pas la simplicité que vous y voyez. Blessé à la fois dans tous les endroits sensibles; dans son amour-propre, dans sa sécurité de mari, dans ses préoccupations de santé, selon la pente ordinaire du cœur humain, il devait continuer à vous haïr, à moins que ce ne fût un ange, ou qu'il n'ait vu à l'apaisement de cette haine un notable intérêt.

— Mais quel intérêt? demanda Sallenauve.

— Vous avez hérité de cent vingt-cinq mille livres de rente, vous êtes député, homme de capacité et d'avenir; tout ceci constitue une très grande position.

— J'admets cela ; mais ensuite ?

— Quel âge au juste a cette petite fille que vous avez sauvée, et qui m'a étonné par l'espéce de passion avec laquelle elle me parla de vous lors de l'unique visite que je fis dans la maison l'Estorade ?

— Naïs doit avoir près de treize ans.

— Dans trois ans elle en aura seize, vous trente-trois ; rien donc de plus naturel que l'idée de vous la faire épouser.

— Vous croyez? dit Sallenauve, qui ne put manquer d'être frappé de la vraisemblance de cette idée.

— Je ne crois pas, je suis presque certain, répondit Jacques Bricheteau. M. de l'Estorade s'est marié dans les mêmes conditions de disproportion d'âge, et, après tout, son mariage n'a pas été si malheureux.

— Mais le sang des l'Estorade s'alliant à celui d'un bâtard!

— Vous portez le nom d'une grande famille, vous êtes reconnu par votre père, et deux millions et demi peuvent bien tenir la place de la mère qui vous fait défaut. Remarquez, d'ailleurs, que, par ce mariage, il serait amplement pourvu à la tranquillité personnelle de M. de l'Estorade; ni vous, ni sa femme n'êtes des gens à vous laisser entraîner l'un vers l'autre, une fois que cette petite serait entre vous.

— Vous êtes un habile dissecteur, dit Sallenauve en découvrant une grande créance à l'idée qu'on lui développait; une chose pourtant me paraît difficile à croire, c'est que madame de l'Estorade soit la complice de ce calcul.

— Je suis, comme vous, persuadé du contraire; ayant passé par les douceurs d'un mariage boiteux du côté de l'âge, elle ne doit rien désirer de pareil pour sa fille; d'ailleurs, d'après tout ce que je sais d'elle, je la tiens pour une nature élevée et généreuse ; quant au l'Estorade, c'est différent ; l'esprit étroit, l'ambition vaste, un grand frottement de la vie politique, où l'on s'apprend à regarder bien plus au but qu'aux moyens, voilà de quoi rendre ma déduction on ne peut plus probable.

— Eh bien ! en supposant que le vraisemblable fût le vrai, quelle serait votre idée, à vous, mon cher Jacques.

— Moi, je crois qu'en acceptant la pensée de ce mariage, vous feriez une grande folie. Je ne parle pas de toutes les raisons d'avenir qui peuvent vous en détourner; je ne regarde qu'à la petite. C'est une enfant gâtée, développée à faire frémir, et qui, comme femme, m'inquiéterait au dernier point.

— C'est aussi mon impression, répondit Sallenauve; vous n'êtes cependant pas d'avis que je rompe en visière.

— Pourquoi donc? madame de l'Estorade est une femme aimable, dont l'amitié vous a toujours paru précieuse. Quant aux sentiments que pourrait prendre pour vous Naïs d'ici à un an ou deux, il n'y a pas péril en la demeure, et vous serez toujours à temps de vous retirer quand cela menacerait de devenir sérieux ; bien des choses, d'ailleurs, peuvent arriver durant cet intervalle.

— Donnez donc des ordres pour ce soir, dit le député ; moi, je vais inviter le curé de Sèvres et sa mère. C'est lui qui a assisté Louise de Chaulieu dans ses derniers moments. Madame de l'Estorade aura sans doute un certain plaisir à se rencontrer avec lui.

Sur les quatre heures, par une belle après-midi d'automne, les hôtes de Sallenauve arrivèrent au châlet.

Madame de l'Estorade et Naïs avaient les yeux rouges, comme si elles venaient de pleurer ; Sallenauve comprit et serra affectueusement la main de la comtesse. Renée n'avait pas voulu passer près de la tombe de sa bien-aimée Louise sans aller y faire une visite; et Naïs, comme c'est l'habitude des petites filles, avait pleuré, par imitation de ce qu'elle le voyait faire à sa mère. M. de l'Estorade, au contraire, montra la plus belle humeur.

— Nous sommes venus de bonne heure, dit-il ; car, à cette époque de l'année, les jours sont si courts, que nous n'aurions pas eu le temps de visiter la propriété. Tout ce que j'en vois déjà est ravissant, et, de toute manière, je vous félicite de cette acquisition.

— Comment vont René et M. Armand? demanda Sallenauve, qui pensa que madame de l'Estorade lui saurait gré de ce souvenir donné à ses chers enfants.

— Armand va bien, répondit la comtesse; ses vacances sont finies, il est rentré à son collége il y a une huitaine; quant à René, il a eu un gros rhume qui l'a beaucoup fatigué.

— Oh! dit Naïs, il est surtout malade

de méchanceté. Il a fait ce matin une scène horrible parce qu'on m'emmenait et pas lui.

— Mais, dans le fait, pourquoi n'est-il pas des nôtres, demanda poliment Sallenauve.

— J'aurais craint pour lui l'air du soir, dans ce pays tout couvert de bois; et puis vraiment, c'était déjà presque abuser que d'amener mademoiselle ma fille.

— Oh! maman, mademoiselle ta fille, dit Naïs, en minaudant, n'est déjà plus une enfant; et puis entre M. de Sallenauve et moi, il y a quelque chose de plus qu'avec mes frères : *c'est le monsieur qui m'a sauvée.*

— Allons, taisez-vous, petite *jacasse,* dit M. de l'Estorade, ne dirait-on pas que le dévoûment de M. de Sallenauve lui constitue un engagement de s'occuper de vous à perpétuité ?

On sait que Sallenauve ne donnait pas aux enfants toute la place qu'ils sont arrivés à conquérir dans la vie moderne, et il affecta de ne rien répondre. Naïs prit alors un petit air sérieux dont elle ne se départit plus jusqu'au moment où entra Jacques Bricheteau. Madame de l'Estorade fit à l'organiste l'accueil le plus empressé, et le comte, auquel Sallenauve le présenta, ne le traita pas avec moins de distinction.

Presqu'aussitôt commença le *tour du propriétaire*. Sallenauve offrit son bras à madame de l'Estorade, ce dont le mari ne parut pas le moins du monde effarouché; au contraire, le tête-à-tête où il allait se trouver engagé avec Jacques Bricheteau eut l'air de lui agréer tout à fait.

Après quelques mots sur les beautés

du parc que lui faisait valoir l'organiste, abordant un sujet qui rentrait assez dans le soupçon de celui-ci :

— Vous avez dû, monsieur, lui dit le pair de France, avoir bien du souci pour la liquidation de cette hoirie de lord Lewin ; elle était, à ce qu'il paraît, très considérable.

Jacques Bricheteau, qui voulait voir M. de l'Estorade démasquer ses batteries, ne lui marchanda pas les renseignements, et du détail circonstancié dans lequel il entra, il résulta que Sallenauve était à la tête de plus de deux millions.

— C'est pour ce pays-ci une fortune de premier ordre, fit remarquer le comte, et si M. de Sallenauve prenait le parti de se rallier aux opinions conservatrices, la pairie ne se ferait pas attendre pour lui.

— Je doute fort que sa pente soit de ce côté.

— Enfin, pourtant il a dû avoir un but en tenant à ce point à entrer dans la vie politique, qu'il ait abandonné une carrière déjà faite, où il avait obtenu d'éclatants succès.

— Hum! pensa Bricheteau, est-ce que ce

serait seulement une séduction ministérielle que M. le pair de France se serait chargé de pratiquer?

— Dire où va M. de Sallenauve, reprit-il, après cette remarque faite en *à parte*; je crois qu'il en serait fort embarrassé lui-même; sa famille l'a poussé dans cette voie sans lui rien laisser pénétrer des projets qu'elle avait sur lui.

— Oui, c'est ce que nous a dit dans le temps Marie-Gaston, repartit M. de l'Estorade; mais, autour de lui, ajouta-t-il finement, il y a peut-être des gens qui, s'ils pouvaient ou s'ils voulaient parler...

— Non, j'ai été en effet l'instrument de beaucoup de choses dans la vie de notre ami, mais un pur instrument.

— Enfin, pourtant, vous connaissez le marquis son père?

— Bon! dit Bricheteau, nous revenons à ma première donnée, et il ne nia pas que le marquis ne lui fût parfaitement connu.

— Et très certainement, continua le pair de France, les sots bruits dans lesquels j'ai eu un instant le malheur de donner, n'ont aucune espèce de fondement?

— M. de Sallenauve, repartit Bricheteau, est de tout point ce qu'il paraît être; je crois que les obscurités qui peuvent encore peser sur sa vie, un jour ou l'autre, finiront par se dissiper; et, dans tous les cas, le voilà maintenant arrivé à une telle situation d'indépendance, que ses *brumes* doivent très peu le préoccuper.

—Pourtant, dit le pair de France, dans une hypothèse qui n'a rien de très forcé, celle d'un mariage, par exemple, la famille où entrerait M. de Sallenauve ne montrerait pas, ce me semble, une curiosité indiscrète en désirant voir un peu plus clair dans ces *brumes* dont vous parlez.

— Son état civil, répondit l'organiste, est très nettement et très officiellement établi : il est fils naturel reconnu du marquis de Sallenauve, le dernier descendant mâle d'une des grandes familles de la Champagne ; il est deux fois millionnaire. S'il n'était pas indiscret, il serait au moins inutile de lui en demander davantage, attendu que lui-même n'en sait pas plus long.

— Mais vous admettez bien cependant que le marquis devrait se révéler de nouveau, au moins par son consentement au projet de mariage dont il serait question.

— Heureusement, rien ne presse encore dans ce sens. M. de Sallenauve n'a que trente ans, et d'ici à ce que l'âge l'accule à l'idée d'un établissement immédiat, il doit se passer bien des choses.

— Ceci est parfaitement juste, et je crois qu'il aurait tort de se presser ; mais est-ce qu'il n'y a pas eu quelque chose d'ébauché du côté de la famille de Lanty ?

Madame la marquise d'Espard m'a parlé d'une tentative qui ne fut pas heureuse ; dans sa position actuelle, M. de Sallenauve pourrait la renouveler avec plus de succès.

— J'ai entendu parler comme vous d'une histoire assez vague et assez inexpliquée; mais la famille de Lanty est, vous le savez, essentiellement nomade, et je crois que maintenant on serait embarrassé de savoir ou la prendre, si on avait quelque idée de renouer avec elle.

— Je parle de cette famille parce qu'il y

a aussi chez elle des côtés nébuleux, et puis M. de Sallenauve étant riche, voudra sans doute épouser de la fortune, et par-là, je vois beaucoup de convenances réunies.

— Je crois connaître assez M. de Sallenauve pour douter que les considérations d'argent puissent le dominer beaucoup.

— En cela, il a bien raison, dit M. de l'Estorade en se laissant entraîner à la pente de la conversation, quand on a sa fortune, on doit chercher une femme qui ait quelque chose, parce que, dans un mariage, tout d'un côté et rien de l'autre, est toujours un arrangement regrettable; mais une famille honorable, une jeune fille bien élevée, agréable, que l'on ait eu surtout le temps d'étudier et de bien connaître, il me semble que c'est là surtout ce qu'il doit avoir en vue.

— Quel âge a mademoiselle votre fille? demanda négligemment Jacques Bricheteau en voyant Naïs accourir vers son père, pour lui montrer un insecte qu'elle venait de ramasser au détour d'une allée.

M. de l'Estorade, qui se piquait d'entomologie, commença par dire à sa fille :

— C'est un *lucanus parallelipedus*, vulgairement dit *cerf-volant* ; c'est un genre qui appartient à la famille des *lamellicornes*, et, mieux encore, à celle des *lucanides*.

— Mais qu'est-ce que ça mange? demanda Naïs, à laquelle toute cette érudition n'apprenait rien.

— Du bois, répondit M. de l'Estorade, la sève extravasée des arbres ; ensuite, retournant à la question de Bricheteau : Naïs a treize ans, dit-il.

— Treize ans, un mois et quatre jours, dit mademoiselle de l'Estorade en précisant, et elle courut pour rejoindre sa mère.

— Eh mais ! dans quelques années, reprit Bricheteau, il faudra penser à la marier.

— Sans doute dit le pair de France, et ce sera pour nous une question bien grave : la mère aime tellement ses enfants, et elle exigera tant de garanties, qu'il faudra que le gendre lui plaise presque autant qu'à sa fille ; aussi nous nous y prendrons de longue main. Pour le moment il s'agit d'achever et de perfectionner l'éducation de cette chère enfant, et madame de l'Estorade a fait, il y a quelque temps, une bien grosse bévue.

— Comment cela ?

— Lors de notre froid avec M. de Sallenauve, vous aviez eu la bonté de nous offrir de mettre à notre disposition votre immense talent musical qui a été hier si apprécié au concert de M. le ministre des travaux publics. Craignant de me déplaire, si elle acceptait, madame de l'Estorade a fait un mauvais accueil à votre gracieuse ouverture.

— Mon Dieu ! dit l'organiste, je ne donne plus de leçons, et je me livre tout à fait à l'administration de la fortune de M. de Sallenauve ; mais cependant sans prendre d'engagement régulier, si de temps à autre mademoiselle Naïs voulait accepter mes conseils...

— Oh ! monsieur, vous comblerez ma femme de joie ; elle a une telle horreur de l'enseignement moderne qui, au lieu de musiciennes, ne fait que des *tapoteuses* de piano !...

A ce moment le curé de Sèvres et sa mère, femme respectable, de cette vieillesse alerte que procure la vie de campagne, vinrent se joindre aux deux groupes qui se rapprochèrent pour recevoir ces nouveaux hôtes. Peu après, la cloche du dîner réunit autour d'une table splendidement servie une compagnie un peu plus édifiante que celle dont le comte Halphertius s'était avisé lors du dîner donné à Maxime de Trailles.

Le cuisinier choisi par Bricheteau était un ancien cuisinier d'ambassade, ce qui est assez dire que tout fut excellent.

Naïs, dont on s'occupa d'abord plus que de raison, eut suivant son habitude des mots, des aperçus au-dessus de son âge; après avoir amusé, elle tourna à devenir fatigante et reçut de la vieille mère du curé une petite mercuriale dont le contre-coup alla au cœur de madame de l'Estorade. Du haut de ses soixante-seize ans, cette femme, à la mine grave et sévère, parla avec tant d'autorité et impressionna si vivement Naïs, que la pauvre enfant n'osa plus ouvrir la bouche de tout le dîner. Mais, n'étant plus distraite, son admiration pour son sauveur n'en fut que plus continue et plus apparente. Elle attachait sur lui de longs regards, baissant brusquement les yeux lorsqu'elle croyait en être remarquée et les relevant ensuite lentement avec une expression langoureuse, faisant enfin tout le manége des grandes coquettes jusqu'à laisser croire à Bricheteau que c'était dans la conscience de la précocité de cette petite fille que les projets de M. de l'Estorade avaient dû prendre naissance et qu'elle avait pu recevoir de son père, sinon des instructions secrètes, ce qui eût été horrible, au moins une certaine façon d'encouragement.

Rien d'autrement remarquable ne signala ce dîner. Lorsqu'il fut question de se séparer, Sallenauve dit à madame de l'Estorade qu'elle trouverait chez elle les pieuses reliques qu'il avait mises de côté pour elle. Par une attention délicate, de peur d'attrister leur réunion par la vue de ces objets pleins de douloureux souvenirs, il n'avait pas voulu en faire lui-même la remise, il fut ensuite convenu que prochainement il reprendrait ses habitudes dans la maison l'Estorade, et que, de son côté, Jacques Bricheteau irait y donner quelques-unes de ces leçons qui à une autre époque avaient été si vertement déclinées.

CHAPITRE SEPTIÈME

VII

Les dames anglaises.

Dans son tête-à-tête avec madame de l'Estorade, pendant la promenade dans le parc, Sallenauve s'était assuré qu'elle restait de tout point étrangère à la visée matrimoniale dont il pouvait être l'objet ;

au contraire, du fait de M. de l'Estorade, l'existence de cette sotte et basse intrigue ne faisait plus une question pour Jacques Bricheteau, depuis la conversation à laquelle nous avons assisté.

Interrogé sur la cause qu'elle assignait à l'heureux changement survenu dans l'humeur et les dispositions de M. de l'Estorade, la comtesse avait attribué cet amendement au temps, d'abord, qui émousse les impressions les plus vives; ensuite, à l'amélioration marquée que le voyage de Vichy avait amenée dans la santé de son cher malade.

Elle était si loin de tremper dans la

conspiration, qu'elle avoua avoir été d'abord opposée à l'idée de la paix qui venait de se conclure. Personnellement, elle n'aurait pu être qu'heureuse de ce rapprochement, mais du côté de Naïs elle y avait vu des inconvénients.

— Cette petite fille, avait-elle dit à Sallenauve, a pris pour vous des sentiments qui m'inquiètent ; ce qui aujourd'hui n'est que pur enfantillage peut, avec le temps, tourner au sérieux. J'ai des fâcheux effets de la disproportion d'âge entre mari et femme une expérience trop complète, et mes idées à ce sujet sont trop arrêtées, pour vouloir jamais exposer ma fille à une pareille chance.

Vous le savez, monsieur avait-elle ajouté, pour moi, avant toute autre chose, mes enfants. Sans l'insistance de mon mari à se réhabiliter auprès de vous, j'eusse donc sacrifié jusqu'à l'honneur et au plaisir de votre relation, mais j'attends au moins de vous une grâce, c'est que vous m'aiderez à calmer la tête de cette enfant ; c'est que vous me permettrez de lui dire de vous beaucoup de mal ; c'est qu'enfin vous daignerez mettre, à vous faire détester, autant de soin que d'ordinaire on en met à créer un sentiment tout différent.

A cette explication si naïvement abordée, en ajoutant l'accent vrai, le ton d'inexprimable franchise de madame de l'Estorade, on arrivait à la démonstration la plus évidente de sa parfaite sincérité. Le beau projet deviné par Jacques Bricheteau restait donc bien exclusivement au compte de M. de l'Estorade. Du reste, ne faisons pas le pauvre homme plus noire qu'il ne l'était en réalité, et disons, puisqu'elle nous est connue, la génération vraie et entière de l'idée dont nous venons de voir entamer la diplomatie.

C'était en réalité dans la tête de Rastignac que cette idée avait pris naissance. Quand il avait su le chiffre de la succession de lord Lewin, tout d'abord il avait entrevu que l'homme, qui déjà s'était révélé comme un dangereux adversaire, allait, en ajoutant à son talent la consistance que donne la fortune, devenir un de ces personnages avec lesquels il faut à tout prix compter.

Regrettant l'entrée qu'il avait eue précédemment auprès de lui par le côté alors fermé de M. de l'Estorade :

— Je suis fâché, avait-il dit au pair de France, que vous vous soyez si radicalement brouillé avec ce Sallenauve. Le voilà riche, et il ne sera pas longtemps démocrate, et nous aurions pu l'attirer à nous. Puis, ayant l'air d'être visité par une soudaine illumination : Mais vous-même, j'y pense, avait-il ajouté, vous auriez pu tirer un bon parti de cette relation aujourd'hui éteinte; dans deux ou trois ans, votre fille sera bonne à marier, et savez-vous que Sallenauve devient un parti qui n'est pas à dédaigner!

M. de l'Estorade n'avait pas manqué d'objecter les *brumes*, et ensuite l'âge du député.

— Allons donc! mon cher, avait répondu Rastignac, est-ce que Nucingen était un idéal de beau-père? Est-ce que je n'ai pas le double de l'âge de ma femme? Est-ce qu'il n'y avait pas encore d'autres raisons pour que je ne devinsse pas son mari ? Mais les millions arrangent tant de choses : me voilà comte comme vous, pair de France comme vous, et de plus ministre assez influent dans le cabinet. Pensez un peu à ce que je viens de vous dire, et vous verrez que mon idée n'est pas si dépourvue de sens !

Ce premier germe déposé dans l'esprit de M. de l'Estorade, une circonstance imprévue l'avait développé et mûri.

Un jour, il avait surpris Naïs occupée à écrire. Comme, en voyant arriver son père, elle s'était hâtée de cacher ce qu'elle écrivait, il avait tenu à savoir ce que c'était que ce grand secret, et s'était trouvé en présence d'une lettre adressée à Sallenauve. Par cette épître, malgré sa forme enfantine, Naïs accusait un regret si vrai et si passionné de l'absence prolongée de son libérateur, que l'idée de Rastignac semblait avoir pris un corps. Il était impossible de mieux se placer à son point de vue. Frappé de cette coïncidence fortuite, M. de l'Estorade avait réfléchi ; puis à la fin, prenant son parti :

— Puisque l'absence de M. de Sallenauve vous fait tant de peine, avait-il dit à sa fille, je tâcherai qu'il revienne bientôt nous voir, mais quoiqu'il ne soit pas mal d'avoir pour lui des sentiments de reconnaissance, apprenez, mademoiselle, qu'une jeune fille ne doit jamais rien écrire qu'elle ne puisse montrer à ses parents. Pour cette fois, nous ne dirons rien de tout cela à votre mère; mais que je ne vous retrouve pas une autre fois en pareille faute!

Après cet encouragement indirect et donné sous forme d'une semonce au manége de la petite personne, M. de l'Estorade était allé trouver sa femme à laquelle il n'eût jamais osé dévoiler sa pensée cupide, et sous prétexte qu'il avait la conscience bourrelée de ses mauvais procédés avec un homme auquel, en définitive, il n'avait aucun reproche à adresser, il avait parlé de faire quelque démarche dans le sens d'une réconciliation. Il avait eu le plaisir de trouver madame de l'Estorade très opposée à cette idée, d'où il avait conclu que sa sécurité maritale n'avait aucun péril à redouter. Les craintes manifestées pour le repos à venir de Naïs, il les avait traitées de chimères, et enfin avait coupé court à toute discussion en faisant argument de lui-même, disant que si, par impossible, la destinée de Naïs était de devenir madame de Sallenauve, elle ne serait pas plus à plaindre que sa mère, laquelle, pour s'être décidée à épouser un homme déjà mûr, n'avait pas fait, ce semble, un trop mauvais marché.

En présence de ce raisonnement, insister dans son opposition, était presqu'impossible à madame de l'Estorade. Au fond, d'ailleurs, elle n'était pas fâchée de se sentir un peu violentée sur le chapitre de la réintégration de M. de Sallenauve dans ses anciennes immunités et priviléges, et, quant aux dangers que pouvait courir Naïs, elle comptait y pourvoir et par sa prudence maternelle et par un franc et libre aveu qu'elle ferait au *sauveur* lui-même, en le priant secrètement de lui venir en aide. Elle savait bien qu'une fois sa parole donnée, Sallenauve n'était pas homme à y manquer, et d'ailleurs quelle apparence, quand il avait un commencement d'engagement avec mademoiselle de Lanty, qu'il allât remplacer cette ancienne passion à laquelle sa nouvelle situation de fortune donnait une issue possible, par un véritable amour de poupée ?

Tout étant donc pour le mieux dans le meilleur des imbroglios possibles, et chacun croyant y être plus habile que son voisin, c'était madame de l'Estorade elle-même qui, lors du concert donné chez le ministre des travaux publics, avait ménagé à son mari l'ouverture pour entamer la réconciliation dont au premier moment elle avait mal accueilli l'idée. Se servir de l'influence de Bricheteau sur Sallenauve, avait paru un moyen également bon dans les deux camps, et sous le spécieux prétexte des leçons de musique, des deux parts on se promettait de voir fréquemment l'organiste, de le chambrer et de le décider à tirer dans le sens où l'on voulait aller. Restait la question de savoir si la Providence, qui prend incessamment la liberté grande d'intervenir de sa sagesse dans les plus beaux arrangements humains, n'allait pas faire pencher la balance de l'un ou l'autre côté.

Quelques jours après le dîner des l'Estorade, Jacques Bricheteau, qui prenait au sérieux ses fonctions d'intendant, pria Sallenauve de vouloir bien lui donner une séance de quelques heures, afin qu'il pût lui rendre le compte de sa gestion comme exécuteur testamentaire, et lui présenter avec quelque détail la situation de la fortune qu'il allait se trouver chargé d'administrer.

Toutes ces explications paraissaient assez inutiles à Sallenauve ; mais il eut beau protester de sa confiance absolue et aveugle, Bricheteau insista pour que les choses se passassent régulièrement, et, après un exposé financier assez longuement développé :

— Maintenant, dit-il, j'appellerai votre attention sur deux dépenses qui, dans ma pensée, sont des dettes d'honneur, mais cependant je ne me serais pas permis de les acquitter sans votre approbation.

— Vous avez tort, répondit Sallenauve, vous êtes parfaitement bon juge en cette matière; je m'en rapporte complètement à vous.

— A l'époque, reprit Bricheteau, où j'avais perdu la trace de M. votre père, je ne me trouvai pas toujours en mesure de pourvoir avec une parfaite aisance à tous les frais de votre éducation. Quelques personnes qui ont désiré rester inconnues, me vinrent généreusement en aide. Le marquis, depuis, les a désintéressées ; mais maintenant que vous voilà très riche, j'ai pensé qu'un souvenir venu de vous leur serait agréable et je vous propose de m'autoriser...

— Mais très bien ! dit Sallenauve, en interrompant, tout ce que vous ferez sera bien fait.

— Une seule de ces personnes, reprit l'organiste, est, à l'heure qu'il est, dans une situation heureuse. Les autres, à divers degrés, ont été rudoyées par la fortune. J'en sais une, en particulier, arrivée positivement à la misère ; en sorte qu'il ne s'agit pas seulement de cadeaux et de générosités élégantes ; il y a des existences à arranger et jusqu'à des charités à faire ; tout cela ne laissera donc pas d'être assez dispendieux, et pourrait bien aller à une quarantaine de mille francs.

— Ah çà mais ! dit en riant Sallenauve, bien des gens ont donc concouru à mon éducation ! je me fais un peu l'effet de Bacchus ayant eu, selon les poètes, on ne sait combien de nourrices !

— Votre père, répondit Bricheteau,

avait beaucoup d'amis, et presque tous, quand ils en furent requis, s'empressèrent de prendre part à mon œuvre.

— Une chose cruelle, c'est qu'il ne me soit pas permis de leur exprimer directement ma reconnaissance.

— Laissez faire le temps, dit Bricheteau; après tout, il ne vous traite pas si mal.

— Sans doute, il m'a apporté l'importance, la fortune, mais l'ami de mon enfance, je l'ai perdu; les joies les plus douces, celles de la famille, continuent à me fuir; excepté vous, cher Bricheteau, qui m'aime au monde? Cette Luigia même, qui me doit bien pourtant quelque reconnaisance et qui est censée avoir eu pour moi ce fougueux amour dont je ne me suis jamais aperçu, quel accueil elle m'a fait l'autre jour! Mademoiselle de Lanty, peut-être, au fond de quelque cloître, pense par moments à moi; mais la mère Marie-des-Anges qui s'était fait fort de la retrouver, quand je suis allé à Arcis pour l'enterrement de Grévin, n'avait pas encore d'elle la moindre nouvelle. Ils l'ont enterrée vive, la pauvre enfant, comme une vestale qui aurait manqué à son vœu.

— Il ne faut qu'un moment, répondit

Jacques Bricheteau, et ma tante l'Ursuline est bien habile! Après cela est-il à désirer que vous retrouviez cette femme? Sait-on si ce mariage agréerait à votre père; si les Lanty, malgré votre changement de fortune, voudraient de vous pour gendre? Et puis enfin, dans le passé de Marianina, il y a quelque chose qu n'est pas éclairci.

— Allons donc, dit Sallenauve, d'après le portrait que l'abbé Fontanon m'a fait de l'homme dont elle se serait éprise, il faudrait supposer que ce préféré est M. de Trailles. Pour qui a connu cette angélique jeune fille, une telle aberration est-elle croyable?

— Mon Dieu, dit Bricheteau, les femmes sont quelquefois bien étranges, et je ne voudrais, pour mon compte, répondre d'aucune. Du reste, je vais vous mettre à même de pénétrer de votre personne dans le monde des couvents, et peut-être serez-vous en mesure de donner à la mère Marie-des-Anges une coopératrice à Paris.

— Comment cela? dit vivement Sallenauve.

— Lord Lewin, reprit l'organiste, était de tout point un homme singulier : une de ces mères infâmes dont l'espèce n'est malheureusement que trop commune, avait prétendu lui vendre sa fille. Cette négociation tourna plus honnêtement qu'il ne paraissait probable : mis en rapport avec celle dont on s'était promis de faire sa victime, lord Lewin reconnut dans la malheureuse enfant une grande disposition à la vie religieuse. Alors il la conduisit à un couvent de Bénédictines anglaises, qui existe à Paris, et promit d'y payer sa dot. Cependant, comme il n'avait pas une foi absolue dans la vocation qu'il secondait si généreusement, il se contenta de verser une somme à la communauté pour le temps que durerait le noviciat de sa protégée, se réservant de tout régler d'une manière définitive au moment de la profession.

— Je ne trouve rien dans ce procédé de si singulier, dit Sallenauve.

— Ah! vous croyez, dit l'organiste, que les gens qui achètent une âme dénouent toujours aussi saintement le marché? Parce qu'avec la Luigia vous avez agi à peu près de la même façon, il vous semble que rien n'est plus courant.

— Eh bien! dit le député, pour en revenir à cette entrée que vous prétendez me faire dans ces saintes maisons?

— Pendant, répondit Jacques Bricheteau, que j'étais à Londres, occupé à liquider la succession de lord Lewin, j'ai reçu une lettre de la supérieure des Dames-Anglaises; elle me contait toute cette histoire et me rappelait les engagements que votre ami avait bien voulu prendre avec la communauté. Le temps du noviciat était expiré, la jeune fille persévérait; mais la maison n'était pas riche, et si dans son testament lord Lewin avait oublié de pourvoir au sort de sa protégée, sans dire précisément qu'elle dût être éconduite, on me faisait entrevoir de grandes difficultés pour une admission définitive.

— Cela ne fait pas question, dit Sallenauve; nous paierons ce qu'il faut.

— La somme n'est pas considérable. Il s'agit de six mille francs.

— Elle serait du double ou du quadruple, il n'y aurait pas à hésiter; c'est là, dans toute la force du terme, un legs de la succession.

— C'est aussi mon avis, dit Bricheteau. Voulez-vous maintenant vous charger de voir la supérieure? Je ne dois pas vous le cacher, je suis un peu en retard avec cet intérêt; au milieu de tant d'autres affaires, il m'était sorti de la tête, et, ce matin encore, j'ai reçu un mot où l'on me demande une solution.

— J'irai aujourd'hui même, dit Sallenauve en sonnant pour ordonner d'atteler ; où est situé ce couvent ?

— Petite rue Verte, rue du Faubourg-Saint-Honoré.

— Vous avez raison, dit le député, si cette supérieure est une femme abordable, ma dette acquittée, le moment sera bon pour la prier de s'intéresser à notre recherche.

Un quart d'heure après, Sallenauve était sur la route de Paris.

Arrivé au couvent, il déclina ses nom et qualité, et demanda à parler à madame la supérieure.

La sœur tourière, qui lui avait ouvert, l'engagea à entrer au parloir, où il fut prié d'attendre.

Ce parloir était une vaste salle nue et sonore qui n'avait pour ameublement que quelques chaises de paille, un grand crucifix de bois colorié tenant presque toute la hauteur de la muraille et une suite de gravures représentant les scènes de la passion de Notre-Seigneur, ce qu'on appelle en langage dévot, *un chemin de la Croix*.

Dans ce lieu, bien que le couvent fût situé au cœur d'un des quartiers les plus mondains et les plus élégants de Paris, régnait une inexprimable paix. Par intervalles, le retentissement sourd et lointain de quelque bruit de maison servait moins à troubler ce prodigieux silence qu'à en mesurer la profondeur et l'étendue.

A travers les fenêtres grillées et entr'ouvertes, on pouvait percevoir jusqu'aux soupirs de la brise agitant doucement le feuillage d'un petit jardin verdoyant, où quelques insectes promenaient leur bourdonnement monotone.

Jamais le calme et le recueillement de

la vie monacale ne s'étaient présentés à l'esprit de Sallenauve sous un plus saisissant aspect; il se prit alors à comprendre l'inspiration sainte et puissante que quelques artistes, désertant le monde, ont été puiser dans ces paisibles et pieux asiles du travail et de la prière, et il se demandait si ce n'était pas dans ce port qu'il devrait aller abriter son existence, jusque-là si nébuleuse, et à laquelle tant d'agitations étaient peut-être encore réservées?

Tout à coup la porte du parloir fut bruyamment ouverte, et au lieu de la discrète entrée de la religieuse qu'il attendait, la bruyante invasion d'un homme à la démarche hautaine, au parler sec et fier, vint le tirer de sa rêverie. La rencontre, le lecteur en conviendra, était aussi imprévue que singulière. Jetant les yeux sur le survenant, Sallenauve reconnut le comte de Lanty.

CHAPITRE HUITIÈME

VIII

Qui n'explique rien.

On se rappelle les termes dans lesquels s'étaient séparés les deux hommes que leur étoile venait de replacer en présence d'une façon si inattendue.

Accusé de s'être introduit nuitamment

dans la maison de M. de Lanty, pour lui, Sallenauve, était censé y avoir laissé tomber un portefeuille où s'étaient trouvées un certain nombre de lettres que lui aurait adressées sa fille Marianina. A cette époque, Sallenauve n'était pas pour M. de Lanty un gendre possible; de là l'insultante réception qui lui avait été faite; de là les mesures prises contre Marianina et sa réclusion dans un couvent.

Au lieu de le prendre sur ce ton de violence et d'emportement qui avait signalé leur dernière rencontre :

— Je ne pense pas, dit M. de Lanty à

Sallenauve, aussitôt qu'il l'eût reconnu, que le hasard seul, monsieur, me procure l'avantage de vous trouver ici ?

— Vous vous trompez, monsieur, répondit Sallenauve, lui seul est coupable, je suis venu dans un intérêt que tout à l'heure devant vous, si cela vous est agréable, rien ne me défend de traiter avec madame la supérieure ; et vous verrez alors que le secret de la retraite de mademoiselle de Lanty ne m'était pas connu.

— Eh bien ! monsieur, reprit M. de Lanty, je remercie le hasard, car, depuis longtemps, j'avais le dessein d'une démarche que le souvenir du procédé violent auquel j'ai pu me laisser emporter vis-à-vis de vous ne laissait pas de rendre difficile. Nous nous rencontrons sur un terrain neutre; me voici plus à l'aise, et je vais vous parler avec la franchise la plus absolue.

— La franchise, répondit Sallenauve, est une chose trop belle et trop rare pour ne pas être toujours accueillie avec empressement.

— A l'époque, reprit M. de Lanty, où vous faisiez à ma fille l'honneur, je ne dirai pas de la rechercher, mais de la vouloir, il m'était impossible d'entrer dans votre désir, bien qu'il fût partagé par Marianina. Ce n'était pas, monsieur, votre manque de fortune, ce n'était pas même votre profession, quoique dans les idées du monde elle ne soit pas pour un établissement une grande avance, qui faisaient avec moi la difficulté ; mais, veuillez vous le rappeler, à ce moment vous n'aviez pas de position de famille. Je n'aurais pas eu, sur les inconvénients d'une alliance de cette espèce, des idées très arrêtées, que la considération des intérêts de mon fils, près d'entrer par un glorieux mariage dans une famille grand-ducale, eût suffi à vous expliquer mon opposition.

— Sallenauve eut la bouche ouverte pour

répondre que cette prétention, dont on s'étudiait à lui justifier l'insuccès, jamais il ne l'avait eue ; mais il se rappela la communication que lui avait faite l'abbé Fontanon au nom de madame de Lanty, et quoique cette confidence n'eût pas obtenu de lui une foi entière, il pensa que le mieux était de voir venir, et laissa son interlocuteur ajouter :

— Des mesures cruelles à mon cœur me semblaient alors commandées par l'intérêt bien entendu de ma famille. Conduite dans cette maison comme pensionnaire, grâce aux précautions dans lesquelles voulut bien entrer madame la supérieure, Marianina me parut suffisamment protégée contre les tentatives dont elle pouvait devenir l'objet et contre les dangereux entraînements de son imagination.

Sallenauve continua de garder le silence, se contentant de faire de la tête ce signe d'assentiment par lequel un interlocuteur est invité à poursuivre.

— Depuis, monsieur, continua M. de Lanty, une grande révolution s'est faite dans votre existence et ce que j'avais trouvé impossible, peut, à l'heure qu'il est, me paraître désirable. Croyez-le bien, pourtant, si entre mon langage d'aujourd'hui et celui d'autrefois se rencontre tant de différence, ce n'est pas à une pensée cupide que doit être attribué ce changement. Je me trouve, Dieu merci! dans une position de fortune à ne pas courir pour ma fille après ce qu'on appelle un bon parti : la faire renoncer à une regrettable résolution, voilà, monsieur, ce que j'espérerais de votre alliance et le service que je viens vous demander.

— Comment cela? demanda Sallenauve, avec la vivacité que l'on peut supposer.

— Ma fille, répondit M. de Lanty, tient

de moi un fonds de fierté, qui depuis
deux ans ne s'est pas démentie. Conduite
ici sans qu'elle eût fait la moindre résistance, pas une seule fois dans ses lettres,
peu fréquentes, mais toujours respec-
tueuses, elle n'a témoigné du désir de
quitter sa prison. Cette résignation, je
l'attribuais à la crainte de se voir, une
fois qu'elle serait de retour dans la maison paternelle, imposer un mari qui ne
fût pas selon son cœur; mais aujourd'hui
la patience qu'elle a de sa position prend
pour moi un caractère inquiétant : jamais, vous vous l'imaginez, dans mes
plus grandes rigueurs, je n'avais pensé
à faire de ma fille une religieuse; c'est
donc avec une vive anxiété que, depuis
six mois environ, je vois se développer

chez elle le dessein de finir ses jours dans cette maison et d'y prononcer des vœux.

— Les voies de la Providence, dit Sallenauve qui ne craignait pas de se compromettre par cette généralité, sont parfois bien impénétrables; la vie du cloître a ses amertumes, mais elle a aussi ses douceurs; il est possible qu'en la pratiquant mademoiselle Marianina ait été frappée de ce bon côté.

— Cela peut être vrai, mais j'aime à croire que, dans sa résolution, entre plus de dépit que d'entraînement vrai ; selon toute apparence, en voyant possible la réalisation du désir que j'ai si vivement contrarié, elle se sentira tout à coup moins de vocation. Il y a quelques jours, je reçus d'elle une lettre ; elle m'y demandait une grâce ; au lieu de la lui accorder de loin, je suis venu du fond de l'Écosse que j'habite en ce moment avec ma famille pour l'assurer que son vœu serait rempli ; mais surtout je me proposais de lui parler de l'amendement que votre situation nouvelle a fini par apporter à mes dispositions d'autrefois ; vous voyez donc, monsieur, que vous n'êtes pas de trop ici, et qu'au lieu de tenir votre présence pour fâcheuse ou regrettable, je dois la regarder comme une rare faveur de mon étoile.

Sallenauve se sentait plus que jamais empêché pour répondre ; l'ouverture était aussi directe que possible ; on la lui faisait dans des termes qui donnaient complétement satisfaction à son amour-propre ; et cependant, avec les doutes que lui avait créés la confidence de madame de Lanty, il craignait à la fois de s'avancer et de formuler un refus. L'arrivée de la supérieure vint heureusement le tirer de peine.

S'adressant d'abord à M. de Lanty, qu'elle connaissait de longue date, cette religieuse, femme d'un esprit distingué et de formes avenantes, lui fit un accueil à la fois digne et affectueux ; ensuite elle se tourna vers Sallenauve et lui demanda ce qui lui procurait l'honneur de sa visite ?

— Je suis, madame, répondit-il, l'héritier de lord Lewin, et je viens bien tardivement répondre à une lettre que vous avez fait à son exécuteur testamentaire la grâce de lui écrire ; c'est ce matin seulement que j'en ai eu connaissance. Il est inutile, je pense, de vous dire que je me mets entièrement à votre disposition.

— Je vous suis reconnaissante, monsieur, répondit la supérieure, pour notre pauvre postulante dont j'aurais eu grand regret à me séparer ; mais notre maison a si peu de ressources !

— Est-ce que je ne ferais pas ici double emploi ? demanda alors M. de Lanty. Il me semble que c'est aussi pour une pauvre fille dont il s'agirait de faire la dot que Marianina m'avait écrit.

— En effet, dit la supérieure, comme nous ne recevions du côté de monsieur aucune réponse, le bon cœur de mademoiselle Marianina s'était ému, et elle avait pris le parti de s'adresser à vous.

— Il s'agit pour moi d'un devoir qui est en même temps un droit ; j'ose donc espérer, madame, dit Sallenauve, que mon retard, bien involontaire, ne vous paraîtra pas m'en avoir déchu.

— Il est évident, monsieur, dit M. de Lanty, que ma bonne volonté doit faire retraite devant la vôtre ; cependant je ne veux pas avoir le démenti de l'action charitable à laquelle j'avais été convié ; j'espère que madame la supérieure voudra bien accepter mon offrande, applicable à quelqu'autre vocation qui, d'un jour à l'autre, pourra se trouver sur son chemin.

— Je reçois de toutes mains, messieurs, dit en souriant la religieuse, quand il s'agit des pauvres.

Et les deux interlocuteurs lui comptèrent chacun une somme de six mille francs.

— Maintenant, dit M. de Lanty, parlons de Marianina, et vous ne vous étonnerez pas, madame, de me voir poursuivre cette conversation en présence de monsieur, quand vous saurez que M. Dorlange et M. de Sallenauve, membre de la chambre des députés, sont une seule et même personne.

— J'ignorais ce changement arrivé

dans la vie de monsieur; de pauvres recluses comme nous ne sont pas beaucoup au courant des nouvelles.

— Madame, dit M. de Lanty, après ce que je vous disais de mes intentions dans ma dernière lettre que je vous priais de ne point communiquer à Marianina avant mon arrivée, je dois d'abord vous adresser une question : Ma fille persiste-t-elle dans son idée d'embrasser la vie religieuse?

— Jusqu'ici sa vocation ne s'est pas démentie.

— Et vous la croyez solide et sincère?

— Sincère oui, solide non. Mademoiselle Marianina est pieuse; elle s'associe avec zèle à toutes nos pratiques; mais, après l'avoir bien étudiée, je lui trouve peu des dispositions nécessaires pour trouver le bonheur dans l'état auquel elle entend se vouer.

— D'où vous concluez que si je lui offrais de rentrer dans le monde, et de prendre pour cela la porte par laquelle elle en est sortie, son projet de réclusion n'aurait pas de suite?

— Je crois, répondit la supérieure, que la proposition ne devrait pas lui être faite trop brusquement, parce que l'amour-propre à quelque chose à souffrir quand il est mis en demeure d'abandonner une résolution qu'il avait donnée pour irrévocable, mais il n'est pas douteux que, ménagée avec la transition qui m'y paraît nécessaire, la pensée du mariage dont vous m'avez entretenue finirait par être accueillie avec reconnaissance et empressement.

— Ainsi, dit Sallenauve, essayant de se démêler au milieu des ténèbres de sa situation, mademoiselle Marianina vous aurait donné à comprendre que j'étais de sa part l'objet de quelque bienveillance?

— Après ce qui s'est passé d'elle à

vous, repartit la religieuse, après les lettres que vous aviez reçues, après l'imprudente démarche qu'elle avait autorisée, le moyen d'en douter?

— Mais, depuis deux ans, fit remarquer Sallenauve, qui ne pouvait dire combien ces témoignages étaient pour lui peu concluants, la disposition de son cœur a pu beaucoup se modifier. J'oserai donc vous demander, si à mon sujet vous avez obtenu d'elle quelque récent aveu?

— Directement, non, répondit la supérieure. Jamais, vous pouvez bien le croire, je ne lui parlais de vous; mais cette jeune novice dont vous venez d'acquitter la dot a une grande part dans son affection. Autant que le permet la règle de la maison, elles passent leur vie ensemble, et je tiens de cette jeune fille que mademoiselle de Lanty, qui d'ailleurs ne témoigne aucun désir de rompre sa réclusion, paraît secrètement livrée à un sombre chagrin. Cette douleur, quel en serait le sens, si on ne l'attribuait au regret de votre séparation?

S'avisant d'un moyen de faire autour de lui la lumière :

— Monsieur, dit Sallenauve, je suis reconnaissant comme je dois l'être des bienveillantes dispositions que vous avez bien voulu me témoigner ; mais, avant de leur donner plus de suite, ne trouvez-vous pas que nous ferons sagement de nous assurer des sentiments vrais et actuels de mademoiselle Marianina ? Mieux que personne, à ce qu'il me semble, je serais en mesure de sonder les secrets de son cœur, et si vous ne voyez pas d'inconvénient à un entretien particulier que vous me permettriez d'avoir avec elle?...

— Pour mon compte, répondit M. de Lanty, je donne volontiers les mains à cette combinaison, en tant, toutefois, qu'elle aura l'approbation de madame la supérieure.

— Je vais vous envoyer Marianina, dit l'abbesse à Sallenauve, en donnant ainsi son acquiescement. Quant à vous, monsieur le comte, je ne puis avoir l'honneur de vous offrir l'hospitalité dans mon appartement, la règle ne me le permet pas, mais si vous voulez prendre la peine d'attendre dans la chapelle, j'irai vous y reprendre aussitôt que je serai avertie que mademoiselle votre fille est remontée chez elle.

Sallenauve resta donc seul dans le parloir, pensant cette fois toucher à la fin du mystère que vainement sa perspicacité essayait de pénétrer depuis deux années.

Quelques instants plus tard, Marianina ouvrait la porte du parloir; à la vue de Sallenauve, elle poussait un cri de surprise, et, portant les deux mains à son cœur pour en comprimer les battements, elle se laissait tomber sur le premier siége qui se trouvait à sa portée, car il lui semblait, comme à un homme ivre, que tous les objets tournaient autour d'elle, et elle avait senti que ses jambes n'avaient plus la force de la porter.

Quand elle fut un peu remise de cette émotion, que Sallenauve ne put s'empêcher de regarder comme de bon augure :

— Mademoiselle, lui dit-il, une explication depuis longtemps me paraît désirable entre nous. Puis-je espérer que vous daignerez éclaircir une situation étrange, qui est la mienne, et que j'ai dû subir avec une aveugle résignation ?

— Mais comment êtes-vous ici, monsieur, et comment m'a-t-on permis de vous y rencontrer? Votre présence m'a causé un étonnement... presque ridicule, et maintenant, revenue des effets de ma première surprise, je ne comprends pas mieux.

— Qu'il vous suffise, pour le moment, de savoir que je ne me suis pas introduit furtivement dans cette maison, comme il y a deux ans dans le parc de M. votre père.

A cette parole ironique, Marianina releva vivement la tête et regarda Sallenauve avec une sorte d'épouvante.

— Comment, monsieur, demanda-t-elle, on vous a dit...

— Soumise à une séquestration brusque et absolue, je dois croire, reprit Sallenauve, qu'on vous a en effet laissé ignorer beaucoup de choses ; permettez-moi donc de vous faire connaître ce qui se passa dans le cabinet de M. votre père et ailleurs, quelques jours après qu'on vous eut confinée dans cette maison.

Sallenauve raconta alors la scène de l'exhibition des lettres, la visite de l'abbé Fontanon et toute la confidence dont cet homme de Dieu s'était dit chargé par madame de Lanty.

En sa qualité de sculpteur, Sallenauve était physionomiste ; il put donc, durant le cours de son récit, surprendre sur le visage de Marianina la trace d'un grand mouvement d'émotions qui se succédaient en elle ; il crut lire de la surprise, du dédain, de la colère, voire même de l'indignation violente ; mais quand il eut achevé, toute cette tempête intérieure parut apaisée, et la jeune fille lui dit avec une apparence de résignation parfaitement bien jouée si elle n'était réelle :

— J'ai en effet, monsieur, à me reprocher d'avoir étrangement compromis votre nom ; mais on vous l'a dit, il s'agissait d'empêcher beaucoup de mal, et j'ose espérer de votre bon cœur un généreux pardon.

— Ainsi, demanda Sallenauve, tout était vrai dans la confidence de madame votre mère, et je suis l'endosseur de la félicité d'un autre ?

— Oui, monsieur, repartit Marianina avec une fermeté de parole qui pouvait paraître suspecte, précisément à cause de la fiévreuse vivacité de l'accentuation, j'aimais quelqu'un : je dois cependant ajouter que ma mère et son directeur se sont mépris sur cette personne, qui n'est pas celle que vous semblez supposer.

— M. de Trailles, en effet, dit Sallenauve, me paraissait un heureux bien invraisemblable.

Marianina ne répondit que par un geste de dédain.

— Je dois maintenant vous dire, mademoiselle, reprit le député, que la fausse confidence faite par vous à M. votre père a eu un fâcheux effet : elle lui a donné des idées dont j'ai mission de vous entretenir et qui peuvent devenir pour vous l'occasion d'une persécution nouvelle. De grands changements sont arrivés dans ma vie.

— Je le sais, dit étourdiment Marianina.

— Vous m'étonnez ; madame la supérieure les ignorait, et tout à l'heure elle me disait qu'aucun bruit du monde ne parvenait dans cette maison.

— Pour elle, peut-être, qui est une sainte personne, toujours occupée de ses pieuses pratiques et du gouvernement de sa communauté ; mais nous autres pensionnaires, nous avons le temps d'être curieuses, et l'histoire d'une fortune politique faite par le crédit d'une vieille Ursuline ne pouvait manquer de faire le tour des couvents de Paris.

— Eh bien! mademoiselle, cet homme politique qui, presqu'au même moment où il retrouvait une famille, était visité par une grande faveur de la fortune, ne paraîtrait plus à M. de Lanty un gendre tout à fait méprisable, et il serait possible qu'à son sujet vous eussiez à subir une lutte longue et pénible ; car, après votre imprudente fiction, le moyen d'expliquer votre résistance ?

— Mais cette lutte, vous-même, monsieur, vous y mettrez fin ; un homme comme vous pourrait-il jamais vouloir ges sont indignes de la Chambre.

Le colonel FRANCHESSINI. — Messieurs, plus habitué à la franchise des camps qu'aux réticences de la tribune, j'ai peut-être ici le tort de penser tout haut. L'honorable préopinant vous a dit : Je crois que M. de Sallenauve est allé chercher des pièces pour sa défense; et moi je ne vous dis pas : Je crois ; je vous dis : Je sais qu'un riche étranger est parvenu à substituer sa protection à celle dont le Phidias, notre collègue, honorait une belle Italienne... (Nouvelle interruption. — A l'ordre! à l'ordre! C'est intolérable.)

UNE VOIX. — Monsieur le président, ôtez la parole à l'orateur.

Le colonel Franchessini se croise les bras, et attend que le tumulte soit apaisé.

M. LE PRÉSIDENT.—J'engage l'orateur à rentrer dans la question.

Le colonel FRANCHESSINI. — La question, je n'en suis pas sorti ; mais puisqu'on refuse de m'entendre, je déclare me rallier à l'opinion de la minorité de la commission. Il me paraît très naturel de renvoyer M. de Sallenauve devant ses électeurs, afin de savoir s'ils ont pensé nommer un député ou un amoureux. (A l'ordre ! à l'ordre ! Longue agitation. Le tumulte est à son comble.)

M. de Canalis se dirige rapidement vers la tribune.

M. LE PRÉSIDENT. — M. le ministre des travaux publics a demandé la parole ; comme ministre du roi, il a toujours le droit d'être entendu.

M. DE RASTIGNAC. — Il n'a pas tenu à moi, messieurs, que le scandale qui vient d'être donné à la Chambre ne lui fût épargné. J'avais voulu, au nom de la vieille amitié qui m'unit au colonel Franchessini, lui persuader de ne pas prendre la parole dans une question délicate où son expérience des choses parlementaires, aggravée en quelque sorte par la spirituelle facilité de sa parole, pouvait l'entraîner à quelque excentricité regrettable. Tel était, messieurs, le sens des courtes explications qu'on l'a vu avoir avec moi à mon banc, avant qu'il prît la parole, et moi-même je ne l'ai demandée, après lui, qu'afin d'écarter toute idée de complicité dans l'indiscrétion qu'à mon avis il a commise, en descendant aux détails tout confidentiels dont il a cru devoir entretenir l'Assemblée.

Mais puisque, contre mon dessein et en quelque sorte malgré moi, je suis monté à la tribune, quoiqu'aucun intérêt ministériel ne soit ici en jeu, la Chambre me permettra-t-elle quelques courtes observations ? (Au centre : Parlez! parlez!)

M. le ministre des travaux publics s'étudie à démontrer que la conduite du député absent a surtout un caractère particulier de dédain pour la Chambre. Il la traite lestement et cavalièrement. Il lui demande un congé ; mais comment le demande-t-il ? de l'étranger, c'est-à-dire qu'il commence par le prendre, et qu'il le sollicite ensuite. Se donne-t-il

Ensuite elle sortit précipitamment comme si elle eût voulu mettre cette résolution suprême à l'abri de quelque nouvel effort tenté pour la modifier.

Laissé pour quelques instants à une solitude qui lui permit d'analyser tous les incidents de cette scène, Sallenauve, dans les paroles, dans l'accent, dans la vive émotion de Marianina, crut trouver en même temps que la preuve de son innocence la trace d'un parti-pris irrévocable.

— Eh bien ! monsieur ? lui dit M. de Lanty, rentrant peu après accompagné de la supérieure.

— Les idées de mademoiselle votre fille, répondit Sallenauve, me paraissent très sérieusement arrêtées; pour mon compte, je ne dois conserver aucun espoir d'y apporter le changement que vous auriez désiré.

Puis, pour couper court à toute explication, il salua et sortit.

FIN DU QUATRIÈME VOLUME.

Fontainebleau. — Imp. de E. Jacquin.

LE COMTE DE SALLENAUVE
par H. DE BALZAC.

LES LIBERTINS
par EUGÈNE DE MIRECOURT, auteur des CONFESSIONS DE MARION DELORME.

BLANCHE DE SAVENIÈRES
par MOLÉ-GENTILHOMME, auteur de ROQUEVERT L'ARQUEBUSIER, etc., etc.

LE CHASSEUR D'HOMMES
par EMMANUEL GONZALÈS, auteur de l'HEURE DU BERGER, etc., etc.

LA DERNIÈRE FLEUR D'UNE COURONNE
par madame la Comtesse DASH.

LE GUETTEUR DE CORDOUAN
Par PAUL FOUCHER.

RIGOBERT LE RAPIN
par CHARLES DESLYS, auteur de MADEMOISELLE BOUILLABAISSE, la MÈRE RAINETTE, etc., etc.

Paris. — Imprimerie de GUSTAVE GRATIOT, rue Mazarine, 30.